일본어뱅크

스마트 일본어 LEVEL 2

문선희 · 나카야마 다츠나리 · 정희순 지음

일본어뱅크

일본어뱅크
스마트 일본어 LEVEL 2

초판 3쇄 | 2014년 9월 20일

저자 | 문선희, 나카야마 다츠나리, 정희순
발행인 | 김태웅
총괄 | 권혁주
편집 | 하시모토 나나에, 김소영
디자인 | 차경숙
일러스트 | 우나연
마케팅 | 서재욱, 김홍태, 장영임,
정유진, 김귀찬, 왕성석
온라인 마케팅 | 김철영
제작 | 현대순
관리 | 김훈희, 이국희, 김승훈, 최국호

발행처 | 일본어뱅크 · 중국어뱅크
등록 | 제 300-2006-109호
주소 | 서울시 마포구 동교로 22길 12 (121-842)
전화 | (02)325-1025
팩스 | (02)334-6624
웹사이트 | http://www.dongyangbooks.com

ISBN 978-89-7665-333-8 04730
978-89-7665-330-7 04730(전4권)

머리말

이 책을 펴내면서 학생들 앞에서 수업에 임했던 제 모습과 사랑하는 가족, 그리고 제 강의의 열정과 에너지의 원천이 되어 주는 사랑하는 학생들 얼굴이 머릿속에 스쳐 갑니다.

일본어를 가르치면서 느끼는 것은 일본어는 정말 매력 있는 언어라는 사실입니다. 모국어가 아닌 다른 나라의 언어를 배운다는 것은 쉬운 일이 아닙니다. 이 책을 펴낸 저 역시 일본어는 평생 공부해야 하는 언어라고 생각합니다. 점점 배워 갈수록 어려워지기는 하지만 얼마나 흥미를 갖고 빠져드느냐에 따라 실력 향상과 목표 달성의 여부가 결정된다고 생각합니다.

이 교재는 실제 제가 일본어를 가르치는 현장에서 쌓은 경험을 바탕으로 학생들이 쉽게 이해하는 부분과 어려워하는 부분들을 자세히 분석하고 연구하였기 때문에 기존의 책들과는 다른 특징들을 갖고 있습니다.

첫째 [독해 · 작문] 파트 중 [읽어봅시다!] 부분은 원칙적으로 띄어쓰기 없는 일본어 문장을 보고 자연스럽게 읽고 해석할 수 있는 능력을 향상시킬 수 있도록 하였습니다. [작문] 부분에서는 수업 중 따라하고 읽기는 하지만 직접 쓰는 것까지 체크하기에는 시간이 부족했던 점을 고려하여 각 과의 포인트 문장을 쓰고 말할 수 있도록 구성하였습니다.

둘째 [한자 연습] 파트 중 [한자 즐기기] 부분에서는 학생들이 가장 어려워하는 한자를 재미있게 활용하여 한자에 대한 부담을 줄이고, 기본이 되는 한자에 다른 한자를 붙여 학생들의 한자 지식을 넓힐 수 있도록 하였습니다. 또, [써봅시다] 부분에는 직접 책에 한자를 써볼 수 있게 하였습니다.

셋째 [회화 플러스] 파트에서는 본문 이외의 회화 표현들을 중심으로 다뤘으며, 주요 회화 내용과 최신 어휘를 추가하여 일본어를 자연스럽게 받아들일 수 있도록 하였습니다.

아무쪼록 이 책을 학습하는 여러분께 좋은 효과와 발전이 있기를 바라고 목표를 꼭 이루시기를 바랍니다. 그리고 교재를 위해 많은 도움을 주신 여러분들께 감사 드리고, 이제까지 일본어를 통해 만나 열정을 갖게 해 준 우리 학생들에게 감사의 마음으로 이 교재를 바치고 싶습니다.

저자 일동

차례

CONTENTS

일본어
○○일본어

이 책의 학습법

01
Track 1
日本語は とても おもしろいです。
일본어는 아주 재미있습니다.

이번 과의 포인트

각 과의 주제와 관련된 내용을 회화 형식으로 표현했습니다. 학습에 들어가기 전에 각 과에서 다루게 될 주요 내용과 포인트 문법을 미리 익히도록 합시다.

キムさん、今日は あまり 暑く ありませんね。
ええ、昨日よりは すずしいですね。
キムさん、最近 日本語の 勉強は どうですか。
ちょっと 難しいですが、とても おもしろいです。
韓国語の 勉強は どうですか。
英語より おもしろくて 簡単です。
それは よかったですね。
あ、昨日は テストでしたね。どうでしたか。
テストは 難しかったです。

기본 회화

실생활에서 유용하게 쓰이는 문법과 주요 표현들을 단어 설명과 함께 실었습니다. 내용을 듣고 억양과 발음에 주의해서 반복 학습하면 좋은 효과를 얻을 수 있습니다.

01 い형용사의 활용

종류	만드는 방법
기본형	~い おいしい 맛있다
정중형	~い＋です おいしいです 맛있습니다
부정형	~い＋く ありません(＝ないです) おいしく ありません(＝ないです) 맛이 없습니다
과거형	~い＋かったです おいしかったです 맛있었습니다
과거 부정형	~い＋く ありませんでした(＝く なかったです) おいしく ありませんでした 맛이 없었습니다 (＝おいしく なかったです)
명사 수식	~い＋명사 おいしい りんご 맛있는 사과
부사형	~い＋く おいしく 맛있게

문법 포인트

각 과에서 다루는 포인트 문법으로 문법에 관한 예문들을 다양하게 실었습니다. 우리말 해설이 없으므로 아래의 [낱말과 표현]을 참고하면서 공부하세요.

패턴 연습
1 보기 この 部屋は 広い。 → この 部屋は 広いです。
キムさんは 髪が 長い。 → キムさんは 髪が ________。
この 靴は 新しい。 → この 靴は ________。
日本語は おもしろい。 → 日本語は ________。
2 보기 春は あたたかいです。 → あたたかい 春です。
夏は 暑いです。 → ________。
秋は 涼しいです。 → ________。
冬は 寒いです。 → ________。

패턴 연습

포인트 문법에서 다룬 내용을 응용해보는 페이지입니다. 다양한 단어와 화제를 바탕으로 문형을 연습하도록 합시다.

독해 · 작문

원래 일본어는 띄어쓰기가 없습니다. 다른 페이지는 학습편의상 띄어쓰기가 되어있지만, [읽어봅시다]에서는 띄어쓰기 없는 문장을 연습하여 실력을 높일 수 있도록 하였습니다. 작문은 각 과를 배우고 난 후 주요 문법을 최종적으로 점검하는 페이지입니다. 우리말을 보고 일본어 문장으로 바꿔보세요.

한자 연습

한자를 단어 그대로 외우기보다는 한자 하나를 가지고 몇 개의 단어를 만들 수 있다는 것을 보여주어 응용력을 높여줍니다. 또, 중요 한자를 직접 써볼 수 있게 하였습니다.

듣기 연습

너무 복잡하지 않으면서, 본문과 문법 포인트에서 다루는 내용을 중심으로 구성된 듣기 연습 문제입니다.

회화 플러스

본문에서 다루는 회화 표현 이외의 응용회화로 기초 단계에서 회화의 자신감을 키워줍니다.

01

Track 1

日本語は とても おもしろいです。

일본어는 아주 재미있습니다.

이번 과의 포인트

□ 日本語(にほんご)の 勉強(べんきょう)は どうですか。
일본어 공부는 어떻습니까?

→ とても おもしろいです。
아주 재미있습니다.

□ 映画(えいが)は どうでしたか。
영화는 어땠습니까?

→ とても おもしろかったです。
아주 재미있었습니다.

기본 회화

Track 2

DIALOGUE

木村　キムさん、今日(きょう)は あまり 暑(あつ)く ありませんね。

キム　ええ、昨日(きのう)よりは すずしいですね。

木村　キムさん、最近(さいきん) 日本語(にほんご)の 勉強(べんきょう)は どうですか。

キム　ちょっと 難(むずか)しいですが、とても おもしろいです。

韓国語(かんこくご)の 勉強は どうですか。

木村　英語(えいご)より おもしろくて 簡単(かんたん)です。

キム　それは よかったですね。

あ、昨日は テストでしたね。どうでしたか。

木村　テストは 難しかったです。

✚ 낱말과 표현

今日(きょう) 오늘　あまり 별로, 그다지　暑(あつ)い 덥다　昨日(きのう) 어제
～より ～보다　すずしい 서늘하다, 시원하다　最近(さいきん) 최근, 요즘　勉強(べんきょう) 공부
どうですか 어떻습니까?　どうでしたか 어땠습니까?(과거)　難(むずか)しい 어렵다　～が ～이지만
とても 매우, 아주　おもしろい 재미있다　簡単(かんたん)です 간단합니다(기본형 かんたんだ)
それは よかったですね 그거 잘됐네요

문법 포인트

GRAMMAR

01 い형용사의 활용

종류	만드는 방법
기본형	～い 예 おいしい 맛있다
정중형	～い + です 예 おいしいです 맛있습니다
부정형	～~~い~~ + く ありません (= ないです) 예 おいしく ありません (= ないです) 맛이 없습니다
과거형	～~~い~~ + かったです 예 おいしかったです 맛있었습니다
과거 부정형	～~~い~~ + く ありませんでした (= く なかったです) 예 おいしく ありませんでした 맛이 없었습니다 (= おいしく なかったです)
명사 수식	～い + 명사 예 おいしい りんご 맛있는 사과
부사형	～~~い~~ + く 예 おいしく 맛있게
연결형	～~~い~~ + くて 예 おいしくて 맛있고, 맛있어서

いい／よい의 활용

종류	표현 방법	
부정	よく ありません(○)	いく ありません(×)
과거	よかったです(○)	いかったです(×)
과거 부정	よく ありませんでした(○)	いく ありませんでした(×)
부사	よく(○)	いく(×)
연결	よくて(○)	いくて(×)

02 ～い ＋ です ～ 합니다[정중]

예 今日(きょう)は とても 暑(あつ)いです。

キムさんの 部屋(へや)は 広(ひろ)いです。

03 ～く ありません (=く ないです) ～(지) 않습니다[부정]

예 テストは あまり 難(むずか)しく ありません。

天気(てんき)は よく ありません。

この 映画(えいが)は あまり おもしろく ありません。

04 ～ですが ～입니다만, ～이지만

예 この 店(みせ)は ちょっと 高(たか)いですが、とても おいしいです。

中国語(ちゅうごくご)は おもしろいですが、ちょっと 難(むずか)しいです。

+ 낱말과 표현

暑(あつ)い 덥다　部屋(へや) 방　広(ひろ)い 넓다　テスト 시험　天気(てんき) 날씨
映画(えいが) 영화　店(みせ) 가게　高(たか)い 비싸다　おいしい 맛있다
中国語(ちゅうごくご) 중국어　ちょっと 좀, 약간　難(むずか)しい 어렵다

05 ～より ～보다 [비교]

예 去年(きょねん)より 寒(さむ)いですね。

みかんは りんごより 安(やす)いです。

06 ～くて ～(이)고 [연결, 나열]

예 この 店(みせ)は 安くて おいしいですね。

背(せ)が 高(たか)くて ハンサムです。

イさんは かわいくて 優(やさ)しいです。

07 ～かったです ～(이)었습니다 [과거]

예 天気(てんき)は とても よかったです。

旅行(りょこう)は 楽(たの)しかったです。

+ 낱말과 표현

去年(きょねん) 작년　寒(さむ)い 춥다　みかん 귤　りんご 사과　安(やす)い 싸다
背(せ)が 高(たか)い 키가 크다　ハンサムだ 잘생기다, 핸섬하다　かわいい 귀엽다
優(やさ)しい 자상하다, 상냥하다　とても 매우, 참　いい(=よい) 좋다　旅行(りょこう) 여행
楽(たの)しい 즐겁다

패턴 연습

PATTERN

1

보기

この 部屋(へや)は 広(ひろ)い。 → この 部屋は 広いです。

1. キムさんは 髪(かみ)が 長(なが)い。→ キムさんは 髪が ＿＿＿＿＿。
2. この 靴(くつ)は 新(あたら)しい。 → この 靴は ＿＿＿＿＿。
3. 日本語(にほんご)は おもしろい。→ 日本語は ＿＿＿＿＿。

2

보기

春(はる)は あたたかいです。 → あたたかい 春です。

1. 夏(なつ)は 暑(あつ)いです。 → ＿＿＿＿＿＿＿。
2. 秋(あき)は 涼(すず)しいです。 → ＿＿＿＿＿＿＿。
3. 冬(ふゆ)は 寒(さむ)いです。 → ＿＿＿＿＿＿＿。

3

보기

すしは おいしいですか。

→いいえ、あまり おいしく ありません。 まずいです。

1. 今日(きょう)は 暑いですか。

   → いいえ、あまり ＿＿＿＿＿＿＿。 寒(さむ)いです。

2. その 時計(とけい)は 高(たか)いですか。

   → いいえ、あまり ＿＿＿＿＿＿＿。 安(やす)いです。

3. キムさんの 車(くるま)は 新(あたら)しいですか。

   → いいえ、あまり ＿＿＿＿＿＿＿。 古(ふる)いです。

4

보기

この レストランは 安(やす)い・おいしい

→この レストランは 安くて おいしい。

1 この 時計(とけい)は 小(ちい)さい・かわいい

→ この 時計は ＿＿＿＿＿＿＿＿。

2 この かばんは 赤(あか)い・大(おお)きい

→ この かばんは ＿＿＿＿＿＿＿＿。

3 キムさんは 優(やさ)しい・おもしろい

→ キムさんは ＿＿＿＿＿＿＿＿。

5

보기

旅行(りょこう)は 楽(たの)しい。 → 旅行は 楽しかったです。

1 この 料理(りょうり)は おいしい。 → この 料理は ＿＿＿＿＿＿＿＿です。

2 気持(きも)ちは いい。 → 気持ちは ＿＿＿＿＿＿＿＿です。

3 テストは 難(むずか)しい。 → テストは ＿＿＿＿＿＿＿＿です。

6

보기

この 本(ほん)より 大(おお)きく ありません。→ この 本より 大きく ありませんでした。

1 英語(えいご)より 難しく ありません。 → 英語より ＿＿＿＿＿＿＿＿。

2 私(わたし)のより よく ありません。 → 私のより ＿＿＿＿＿＿＿＿。

3 映画(えいが)は おもしろく ありません。→ 映画は ＿＿＿＿＿＿＿＿。

7 い형용사를 활용별로 보기와 같이 완성하세요.

보기 たか 高い 비싸다 ↓	おもしろい 재미있다	ひろ 広い 넓다	なが 長い 길다	★ いい(= よい) 좋다
高いです 비쌉니다				
高く ありません 비싸지 않습니다				
高かったです 비쌌습니다				
高く ありません でした 비싸지 않았습니다				
とけい 高い 時計 비싼 시계	ほん 本	へや 部屋	かみ 髪	ひと 人
高く 비싸게				
高くて 비싸고				

✚ 낱말과 표현

部屋(へや) 방　広(ひろ)い 넓다　髪(かみ) 머리(카락)　長(なが)い 길다
靴(くつ) 신발, 구두　新(あたら)しい 새롭다　おもしろい 재미있다　春(はる) 봄　夏(なつ) 여름
秋(あき) 가을　冬(ふゆ) 겨울　あたたかい 따뜻하다　暑(あつ)い 덥다　涼(すず)しい 서늘하다
寒(さむ)い 춥다　おいしい 맛있다　まずい 맛없다　今日(きょう) 오늘　時計(とけい) 시계
高(たか)い 비싸다　車(くるま) 차　古(ふる)い 낡다　レストラン 레스토랑　安(やす)い 싸다
小(ちい)さい 작다　かわいい 귀엽다　赤(あか)い 빨갛다　大(おお)きい 크다
優(やさ)しい 자상하다　旅行(りょこう) 여행　楽(たの)しい 즐겁다　料理(りょうり) 요리
気持(きも)ち 기분　いい 좋다　テスト 시험　難(むず)かしい 어렵다　本(ほん) 책
~より ~보다(비교)　英語(えいご) 영어　映画(えいが) 영화　人(ひと) 사람

여러가지
い형용사

い형용사 어휘 정리 [반대말]

高(たか)い 비싸다	↔	安(やす)い 싸다
高(たか)い 높다	↔	低(ひく)い 낮다
おいしい 맛있다	↔	まずい 맛없다
大(おお)きい 크다	↔	小(ちい)さい 작다
難(むず)しい 어렵다	↔	易(やさ)しい 쉽다
新(あたら)しい 새롭다	↔	古(ふる)い 오래되다
長(なが)い 길다	↔	短(みじか)い 짧다
多(おお)い 많다	↔	少(すく)ない 적다
広(ひろ)い 넓다	↔	狭(せま)い 좁다
おもしろい 재미있다	↔	つまらない 재미없다
いい 좋다	↔	わるい 나쁘다

早(はや)い/速(はや)い 이르다/빠르다	↔	遅(おそ)い 느리다
背(せ)が 高(たか)い 키가 크다	↔	背(せ)が 低(ひく)い 키가 작다
近(ちか)い 가깝다	↔	遠(とお)い 멀다
重(おも)い 무겁다	↔	軽(かる)い 가볍다
熱(あつ)い 뜨겁다	↔	冷(つめ)たい 차갑다
太(ふと)い 굵다	↔	細(ほそ)い 가늘다
明(あか)るい 밝다	↔	暗(くら)い 어둡다
うれしい 기쁘다	↔	かなしい 슬프다
深(ふか)い 깊다	↔	浅(あさ)い 얕다
厚(あつ)い 두껍다	↔	薄(うす)い 얇다
強(つよ)い 강하다	↔	弱(よわ)い 약하다

계절에 관한 い형용사

春(はる)	봄	あたたかい	따뜻하다
夏(なつ)	여름	あつい	덥다
秋(あき)	가을	すずしい	서늘하다
冬(ふゆ)	겨울	さむい	춥다

맛에 관한 い형용사

あまい	달다
からい	맵다
しょっぱい	짜다
にがい	쓰다
すっぱい	시다
しぶい	떫다

색에 관한 い형용사

白(しろ)い	하얗다
黒(くろ)い	검다
黄色(きいろ)い	노랗다
赤(あか)い	빨갛다
青(あお)い	파랗다

그 외 い형용사

かわいい	귀엽다
痛(いた)い	아프다
忙(いそが)しい	바쁘다
危(あぶ)ない	위험하다
楽(たの)しい	즐겁다
きたない	더럽다
うるさい	시끄럽다
優(やさ)しい	자상하다, 상냥하다
すばらしい	훌륭하다
ない	없다
おかしい	이상하다
うつくしい	아름답다

독해 · 작문

Track 3

READING & WRITING

읽어봅시다!

キムさんと私は一番仲(いちばんなか)がいい友達(ともだち)です。

キムさんはとてもかわいくて優(やさ)しいタイプです。

昨日(きのう)はキムさんの誕生日(たんじょうび)でした。それで、友達(ともだち)とパーティーをしました。

パーティーはとても楽(たの)しかったです。

でも、料理(りょうり)はあまりおいしくありませんでした。

✚ 낱말과 표현

～と ～와(과)　一番(いちばん) 가장, 제일　仲(なか)がいい 사이가 좋다　友達(ともだち) 친구
タイプ 타입　昨日(きのう) 어제　誕生日(たんじょうび) 생일　それで 그래서
パーティー 파티　しました 했습니다　형용사 + かったです ～였습니다(과거)　でも 하지만
料理(りょうり) 요리　あまり 별로　～く ありませんでした ～지 않았습니다

일본어로 써봅시다!

1. 오늘은 날씨가 좋네요.

2. 여행은 아주 즐거웠습니다.

3. 영화는 어땠습니까? / 별로 재미없었습니다.

4. 영어보다 어렵지만, 재미있습니다.

정답 1. 今日(きょう)はいい天気(てんき)ですね。　2. 旅行(りょこう)はとても楽(たの)しかったです。
3. 映画(えいが)はどうでしたか。／あまりおもしろくありませんでした。
4. 英語(えいご)よりむずかしいですが、おもしろいです。

한자 즐기기

無(む) 무

- 視 → 無視(むし) 무시
- 理 → 無理(むり) 무리
- 知 → 無知(むち) 무지
- 料 → 無料(むりょう) 무료

써봅시다!

くるま 車 차, 자동차	車			
てん き 天気 날씨	天気			
さい きん 最近 최근	最近			
りょ こう 旅行 여행	旅行			
べん きょう 勉強 공부	勉強			

듣기 연습

Track 4~5

LISTENING

A. 내용을 듣고 괄호 안에 알맞은 단어를 쓰세요.

私(わたし)は 日本語(にほんご)の 勉強(べんきょう)は はじめてですが、

日本人(にほんじん)の 友達(ともだち)は (**1** ______)です。

日本語は ちょっと (**2** __________)ですが、

とても (**3** __________)です。

昨日(きのう)は 学校(がっこう)の テストでした。

テストは (**4** ________) 難(むずか)しく ありませんでした。

B. 내용을 듣고 그림과 일치하면 ○, 일치하지 않으면 ×를 넣으세요.

1 (　　　　) **2** (　　　　) **3** (　　　　) **4** (　　　　)

✚ 낱말과 표현

勉強(べんきょう) 공부　はじめて 처음　日本人(にほんじん) 일본인　友達(ともだち) 친구
日本語(にほんご) 일본어　学校(がっこう) 학교　テスト 시험　難(むずか)しい 어렵다

회화 플러스

Track 6

OMAKE

01 何年生ですか。 몇 학년입니까?

小学(しょうがく)	1年生(いちねんせい)	です。
中学(ちゅうがく)	2年生(にねんせい)	
高校(こうこう)	3年生(さんねんせい)	
大学(だいがく)	4年生(よねんせい)……	

02 何年生まれですか。 몇 년생입니까?

예 A：何年生(なんねんう)まれですか。　　B：<u>１９８０</u>(せんきゅうひゃくはちじゅうねん)年生(う)まれです。

| 아래 낱말을 써서 밑줄 친 부분과 바꿔서 말해보세요. |

1974 年	1978 年	1980 年
1981 年	1984 年	1987 年…

02

Track 7

静かで、きれいな部屋ですね。

조용하고 깨끗한 방이군요.

이번 과의 포인트

- □ 木村さんは サッカーが 好きですか。
  기무라 씨는 축구를 좋아합니까?

  → はい、好きですが、あまり 上手では ありません。
  네. 좋아하지만, 별로 잘하지 못합니다.

- □ 山田さんも サッカーが 好きですか。
  야마다 씨도 축구를 좋아합니까?

  → 前は 好きでしたが、今は 水泳の方が 好きです。
  전에는 좋아했지만, 지금은 수영(쪽)을 좋아합니다.

기본 회화

Track 8

DIALOGUE

キム　とても 静(しず)かで、きれいな 部屋(へや)ですね。あ、この写真(しゃしん)は？

木村　サッカーの 試合(しあい)の 写真です。

キム　木村(きむら)さんは サッカーが 好(す)きですか。

木村　はい、好(す)きですが、あまり 上手(じょうず)では ありません。

　　　キムさんは スポーツの 中(なか)で 何(なに)が 一番(いちばん) 好(す)きですか。

キム　私(わたし)は 水泳(すいえい)が 一番 好きです。木村さんも 水泳(すいえい)が 好きですか。

木村　前(まえ)は 好きでしたが、今(いま)は サッカーの 方(ほう)が 好きです。

✚ 낱말과 표현

静(しず)かだ 조용하다　静かで 조용하고　きれいだ 예쁘다, 깨끗하다　部屋(へや) 방
写真(しゃしん) 사진　サッカーの試合(しあい) 축구 시합　～が 好(す)きだ ～를 좋아하다
好(す)きです 좋아합니다　～では ありません ～하지 않습니다　スポーツ 스포츠　～の 中(なか)で ～중에서
何(なに) 무엇　一番(いちばん) 가장, 제일　水泳(すいえい) 수영　前(まえ) 전, 앞　今(いま) 지금, 현재
명사 ＋ の 方(ほう) ～의 쪽(편)

문법 포인트

01 な형용사의 활용

종류	만드는 방법
기본형	～だ 예 まじめだ 성실하다
정중형	～~~だ~~ ＋ です 예 まじめです 성실합니다
부정형	～~~だ~~ ＋ では ありません(= じゃ ありません) 예 まじめでは ありません(= まじめじゃ ありません) 성실하지 않습니다
과거형	～~~だ~~ ＋ だった(반말체) 예 まじめだった 성실했다
	～~~だ~~ ＋ でした(정중체) 예 まじめでした 성실했습니다
과거 부정형	～~~だ~~ ＋ では ありませんでした(= じゃ ありませんでした) 예 まじめでは ありませんでした (= まじめじゃ ありませんでした) 성실하지 않았습니다
명사 수식	～~~だ~~ → な ＋ 명사 예 まじめな 学生(がくせい) 성실한 학생
부사형	～~~だ~~ ＋ に 예 まじめに 성실하게
연결형	～~~だ~~ ＋ で 예 まじめで 성실하고

02 ~だ + です ~ 합니다 [정중]

예 キムさんの 部屋(へや)は とても きれいです。

交通(こうつう)が 便利(べんり)ですね。

この 学生(がくせい)は とても まじめです。

03 ~だ → な + 명사 ~한 + 명사 [명사 수식]

예 静(しず)かな 部屋です。

りっぱな ビルですね。

ソウルは とても にぎやかな 都市(とし)です。

04 ~では ありません(=じゃ ありません) ~(지) 않습니다[부정]

예 あの 店(みせ)は あまり きれいでは ありません。

あの 人(ひと)は 親切(しんせつ)では ありません。

テストは 簡単(かんたん)じゃ ありません。

+ 낱말과 표현

部屋(へや) 방　とても 매우, 아주　きれいだ 예쁘다, 깨끗하다　交通(こうつう) 교통
便利(べんり)だ 편리하다　まじめだ 성실하다　静(しず)かだ 조용하다　立派(りっぱ)だ 훌륭하다
ビル 빌딩　にぎやかだ 번화하다　都市(とし) 도시　店(みせ) 가게　人(ひと) 사람
親切(しんせつ)だ 친절하다　テスト 시험　簡単(かんたん)だ 간단하다

05 ～が 好きです ～을(를) 좋아합니다 ～が 上手です ～을(를) 잘합니다

예 日本語(にほんご)が 好(す)きです。(○)ー日本語を 好きです。(×)

どんな タイプが好きですか。(○)ーどんな タイプを好きですか。(×)

英語(えいご)が 上手(じょうず)ですね。(○)ー英語を 上手ですね。(×)

06 ～でした ～였습니다

예 部屋(へや)は とても 静(しず)かでした。

旅行(りょこう)が 好きでした。

07 명사＋の方 ～(의) 쪽(편)

예 中国語(ちゅうごくご)より 日本語の 方(ほう)が 好きです。

水泳(すいえい)より サッカーの 方が 好きです。

私(わたし)は 夏(なつ)より 秋(あき)の 方が いいです。

✚ 낱말과 표현

日本語(にほんご) 일본어　英語(えいご) 영어　上手(じょうず)だ 잘한다, 능숙하다　どんな 어떠한, 어떤
タイプ 타입　部屋(へや) 방　旅行(りょこう) 여행　中国語(ちゅうごくご) 중국어
水泳(すいえい) 수영　サッカー 축구　夏(なつ) 여름　秋(あき) 가을　いい 좋다

패턴 연습

PATTERN

1

보기

旅行(りょこう)が 好(す)きですか。

→はい、好きです。

いいえ、好きでは ありません。(=好きじゃ ありません。)

1 あの レストランは きれいですか。

→ ________________。

________________________。

2 東京(とうきょう)は にぎやかですか。

→ ________________。

________________________。

3 交通(こうつう)は 便利(べんり)ですか。

→ ________________。

________________________。

4 教室(きょうしつ)は 静(しず)かですか。

→ ________________。

________________________。

2

보기

木村(きむら)さんは まじめだ・ハンサムだ

→木村さんは まじめで、ハンサムです。

1 日本語(にほんご)の 先生(せんせい)は 親切(しんせつ)だ・きれいだ

→ ________________________。

2 この レストランは きれいだ・静(しず)かだ

→ ________________________。

3 この 椅子(いす)は 楽(らく)だ・丈夫(じょうぶ)だ

→ ________________________。

3

보기

まじめだ ・ 学生(がくせい)

→ まじめな 学生ですね。

1 にぎやかだ ・ 街(まち)

→ ____________________。

2 親切(しんせつ)だ ・ 人(ひと)

→ ____________________。

3 有名(ゆうめい)だ ・ 歌手(かしゅ)

→ ____________________。

4

보기

テストは 簡単(かんたん)でしたか。

→ はい、簡単でした。

いいえ、簡単では ありませんでした。(=簡単じゃ ありませんでした。)

1 交通(こうつう)は 便利(べんり)でしたか。

→ ________________。

________________________。

2 キムさんは まじめでしたか。

→ ________________。

________________________。

3 山田(やまだ)さんは 元気(げんき)でしたか。

→ ________________。

________________________。

4 キムさんが 好(す)きでしたか。

→ ________________。

________________________。

5 な형용사를 활용별로 보기와 같이 완성하세요.

보기 静(しず)かだ 조용하다 ↓	便利(べんり)だ 편리하다	有名(ゆうめい)だ 유명하다	好(す)きだ 좋아하다
静かです 조용합니다			
静かでは ありません 조용하지 않습니다			
静かでした 조용했습니다			
静かでは ありませんでした 조용하지 않았습니다			
静かな 部屋(へや) 조용한 방	交通(こうつう)	歌手(かしゅ)	人(ひと)
静かに 조용히, 조용하게			
静かで 조용하고			

✚ 낱말과 표현

旅行(りょこう) 여행　レストラン 레스토랑　交通(こうつう) 교통　教室(きょうしつ) 교실
まじめだ 성실하다　ハンサムだ 잘생기다　きれいだ 예쁘다, 깨끗하다　椅子(いす) 의자
楽(らく)だ 편안하다　丈夫(じょうぶ)だ 튼튼하다　にぎやかだ 번화하다　街(まち) 거리
親切(しんせつ)だ 친절하다　有名(ゆうめい)だ 유명하다　歌手(かしゅ) 가수
簡単(かんたん)だ 간단하다　元気(げんき)だ 건강하다　部屋(へや) 방

여러가지 **な형용사**

な형용사 어휘 정리

静(しず)かだ	조용하다	簡単(かんたん)だ	간단하다
まじめだ	성실하다, 진지하다	新鮮(しんせん)だ	신선하다
親切(しんせつ)だ	친절하다	有名(ゆうめい)だ	유명하다
にぎやかだ	번화하다	重要(じゅうよう)だ	중요하다
便利(べんり)だ	편리하다	だめだ	안 된다
不便(ふべん)だ	불편하다	元気(げんき)だ	건강하다
楽(らく)だ	편안하다, 쉽다	大丈夫(だいじょうぶ)だ	괜찮다
きれいだ	예쁘다, 깨끗하다	丈夫(じょうぶ)だ	튼튼하다
暇(ひま)だ	한가하다	ハンサムだ	잘 생기다
すてきだ	멋지다, 근사하다	心配(しんぱい)だ	걱정이다
好(す)きだ	좋아하다	嫌(きら)いだ	싫어하다
上手(じょうず)だ	잘하다, 능숙하다	下手(へた)だ	잘 못하다, 서투르다
得意(とくい)だ	잘하다, 제일 자신 있다	苦手(にがて)だ	잘 못하다, 질색이다

※ **～が 好きだ** ~를(을) 좋아하다

예 私(わたし)は サッカーが 好(す)きです。

～が 嫌いだ ~를(을) 싫어하다

예 私は サッカーが 嫌いです。

～が 上手だ ~를(을) 잘하다

예 私は 料理(りょうり)が 上手です。

～が 下手だ ~를(을) 못하다

예 私は 料理が 下手です。

～が 得意だ ~를(을) 잘하다

예 私は 英語(えいご)が 得意です。

～が 苦手だ ~를(을) 못하다

예 私は 英語が 苦手です。

+ 낱말과 표현

サッカー 축구　料理(りょうり) 요리　英語(えいご) 영어

독해 · 작문

Track 9

READING & WRITING

읽어 봅시다!

キムさんとワンさんは学校(がっこう)の友達(ともだち)です。クラスの中(なか)で一番(いちばん)仲(なか)がいいです。

二人(ふたり)はとても親(した)しいですが、好(この)みはぜんぜん違(ちが)います。

キムさんは辛(から)い料理(りょうり)が好(す)きですが、ワンさんは嫌(きら)いです。

キムさんは野球(やきゅう)とかサッカーが好きですが、ワンさんは読書(どくしょ)とか散歩(さんぽ)の方(ほう)が好きです。

キムさんは背(せ)が高(たか)くてきれいなタイプが好きですが、ワンさんは背が低(ひく)くてかわいいタイプが好きです。

✚ 낱말과 표현

友達(ともだち) 친구　クラス (학교의) 반, 클래스　～の中(なか)で ~중에서　仲(なか)がいい 사이가 좋다
二人(ふたり) 두 사람　親(した)しい 친하다　好(この)み 취향　ぜんぜん 違(ちが)います 전혀 다릅니다
辛(から)い 맵다　～が ~이지만(접속조사)　～とか～とか ~라든가 ~라든가　読書(どくしょ) 독서
散歩(さんぽ) 산책　背(せ)が高(たか)い 키가 크다　背(せ)が低(ひく)い 키가 작다　かわいい 귀엽다

일본어로 써 봅시다!

1. 아주 성실한 학생이군요.

2. 이 가게는 조용하고 깨끗하군요.

3. 교통은 편리했습니까? / 아니요. 별로 편리하지 않았습니다.

4. 기무라 씨는 스포츠 중에서 무엇을 가장 좋아합니까?

정답 1. とてもまじめな学生(がくせい)ですね。　2. この店(みせ)は静(しず)かで、きれいですね。
3. 交通(こうつう)は便利(べんり)でしたか。/ いいえ、あまり便利(べんり)ではありませんでした。
4. 木村(きむら)さんはスポーツの中(なか)で何(なに)が一番(いちばん)好(す)きですか。

한자 즐기기

- 天(てん) 천 + 気(き) 기 → 天気(てんき) 날씨
- 元(げん) 원 + 気(き) 기 → 元気(げんき) 건강, 기운
- 電(でん) 전 + 気(き) 기 → 電気(でんき) 전기
- 本(ほん) 본 + 気(き) 기 → 本気(ほんき) 진심

써봅시다!

ちゅう ごく ご 中国語 중국어	中国語			
こう つう 交通 교통	交通			
へ や 部屋 방	部屋			
しゃ しん 写真 사진	写真			
か しゅ 歌手 가수	歌手			

듣기 연습

Track 10~11

LISTENING

A. 두 사람의 대화를 듣고 木村 씨는 어떤 여성을 좋아하는지 1~4 중에서 고르세요.

1　　2　　3　　4

정답 (　　　)

B. 내용을 잘 듣고 그림과 일치하면 ○, 일치하지 않으면 ×를 넣으세요.

1 (　　　　　)　　2 (　　　　　)　　3 (　　　　　)

회화 플러스 Track 12

OMAKE

01 ～は どうですか。 ～는 어떻습니까?

예 A : 日本語(にほんご)の勉強(べんきょう)は どうですか。 일본어 공부는 어떻습니까?

B : とても おもしろいです。 ① 참 재미있습니다.

あまり おもしろく ありません(= ないです)。 ② 별로 재미없습니다.

おもしろいですが、ちょっと 難(むずか)しいです。 ③ 재미있지만 좀 어렵습니다.

おもしろくて 簡単(かんたん)です。 ④ 재미있고 간단합니다.

| 아래 낱말을 써서 밑줄 친 부분과 바꿔서 말해보세요. |

日本語(にほんご)の 勉強(べんきょう) 일본어 공부
韓国語(かんこくご)の 勉強(べんきょう) 한국어 공부　この 本(ほん) 이 책
あの 会社(かいしゃ) 저 회사　その 映画(えいが) 그 영화　こわい 무섭다
悲(かな)しい 슬프다　いい 좋다　忙(いそが)しい 바쁘다　楽(たの)しい 즐겁다
おもしろい 재미있다　難(むずか)しい 어렵다

02 ～は どうでしたか。 ～는 어땠습니까?

예 A : 映画(えいが)は どうでしたか。 영화는 어땠습니까?

B : とても おもしろかったです。 ① 참 재미있었습니다.

あまり おもしろく ありませんでした。 ② 별로 재미없었습니다.

(= あまり おもしろく なかったです)

| 아래 낱말을 써서 밑줄 친 부분과 바꿔서 말해보세요. |

旅行(りょこう) 여행　テスト 시험　楽(たの)しい 즐겁다　おもしろい 재미있다
いい 좋다　難(むずか)しい 어렵다　易(やさ)しい 쉽다

いい의 과거/과거 부정 → よかったです / よく ありませんでした
(= よく なかったです)

쉬어가기

십이간지(年^とし^)

ねずみ 쥐

うし 소

とら 호랑이

うさぎ 토끼

たつ 용

へび 뱀

うま 말

ひつじ 양

さる 원숭이

とり 닭(새)

いぬ 개

いのしし 멧돼지

03

Track 13

日本語学校は どこですか。

일본어 학교는 어디입니까?

이번 과의 포인트

- □ 公園(こうえん)は どこですか。
  공원은 어디입니까?

  → あそこです。
  저기입니다.

- □ キムさんは どこに いますか。
  김 씨는 어디에 있습니까?

  → 教室(きょうしつ)の 中(なか)に います。
  교실 안에 있습니다.

기본 회화

Track 14

DIALOGUE

イ　あの、すみません。ダイスキ日本語学校(にほんごがっこう)は どこですか。

キム　あの 銀行(ぎんこう)の 隣(となり)に あります。私(わたし)は その 学校の 学生(がくせい)ですが、何(なに)か ご用(よう)ですか。

イ　あ、そうですか。ひとクラスに 学生は 何人(なんにん)ぐらい いますか。

キム　約15人(やくじゅうごにん)ぐらい います。

イ　そうですか。受付(うけつけ)は 何階(なんがい)に ありますか。

キム　一階(いっかい)に あります。

イ　はい、ありがとうございました。

キム　いいえ、どういたしまして。

✚ 낱말과 표현

学校(がっこう) 학교　どこ 어디　銀行(ぎんこう) 은행　隣(となり) 옆, 이웃　장소 + に ~에　あります 있습니다(무생물)　その 그(この 이　その 그　あの 저　どの 어느)　何(なに)かご用(よう)ですか 무슨 일이십니까, 무슨 용건이십니까　ひとクラス 한 반　~ぐらい ~정도　約(やく) 약~　何人(なんにん) 몇 명　受付(うけつけ) 접수처, 카운터　何階(なんがい) 몇 층　一階(いっかい) 1층　ありがとうございました 감사합니다(과거)　どういたしまして 천만에요

문법 포인트

GRAMMAR

01 あります・います 있습니다

	긍정문	부정문
사물 · 식물	あります	ありません
사람 · 동물	います	いません

02 위치 명사

上(うえ) 위　　下(した) 아래

前(まえ) 앞　　後(うし)ろ 뒤

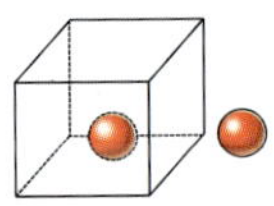

中(なか) 안　　外(そと) 밖

左(ひだり) 왼쪽

右(みぎ) 오른쪽

間(あいだ) 사이

横(よこ) 옆

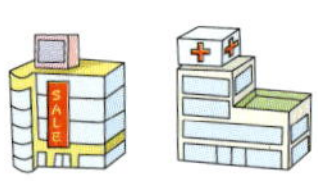

隣(となり) 이웃, 옆

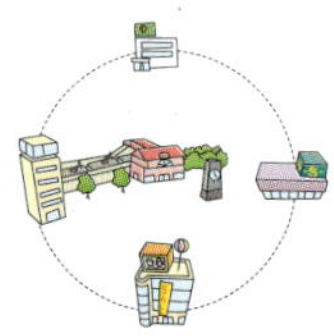

そば 곁, 근처

03 ～に＋(あります・います) ～에 + 있습니다

예 本屋(ほんや)は どこに ありますか。

山田(やまだ)さんは どこに いますか。

キムさんは コンビニに います。

かばんは 椅子(いす)の 上(うえ)に あります。

04 ～の ～に ～が (あります・います)

～의 ～에 ～가 있습니다

예 机(つくえ)の 上(うえ)に 辞書(じしょ)が あります。

教室(きょうしつ)の 中(なか)に 学生(がくせい)が います。

公園(こうえん)の 後(うし)ろに 山(やま)が あります。

05 横(よこ)・隣(となり)・そば 옆, 이웃, 곁

예 本棚(ほんだな)の 横(よこ)に テレビが あります。

デパートの 隣(となり)に 銀行(ぎんこう)が あります。

コンビニは 駅(えき)の そばに あります。

✚ 낱말과 표현

本屋(ほんや) 서점, 책방　コンビニ 편의점　かばん 가방　椅子(いす) 의자　上(うえ) 위
机(つくえ) 책상　辞書(じしょ) 사전　教室(きょうしつ) 교실　公園(こうえん) 공원　山(やま) 산
本棚(ほんだな) 책장　横(よこ) 옆　テレビ 텔레비전　デパート 백화점　隣(となり) 옆, 이웃
銀行(ぎんこう) 은행　駅(えき) 역　そば 곁, 옆

패턴 연습

PATTERN

1 보기

映画館・あそこ → 映画館(えいがかん) は どこですか。

あそこです。

❶

トイレ・ここ → ________は どこですか。

________です。

❷

デパート・あそこ → ________は どこですか。

________です。

❸

病院(びょういん)・あそこ → ________は どこですか。

________です。

❹

会議室(かいぎしつ)・そこ → ________は どこですか。

________です。

✚ 낱말과 표현

映画館(えいがかん) 영화관　トイレ 화장실　デパート 백화점　病院(びょういん) 병원
会議室(かいぎしつ) 회의실

2

보기

机(つくえ)・上(うえ)

りんごは どこに ありますか。

→ 机(つくえ)の 上(うえ)に あります。

1

椅子(いす)・下(した)

猫(ねこ)は どこに いますか。

→ ____________________。

2

花屋(はなや)・銀行(ぎんこう)・間(あいだ)

本屋(ほんや)は どこに ありますか。

→ ____________________。

3

山田(やまだ)さん・隣(となり)

キムさんは どこに いますか。

→ ____________________。

4

学校(がっこう)・前(まえ)

車(くるま)は どこに ありますか。

→ ____________________。

5

カバン・中(なか)

辞書(じしょ)は どこに ありますか。

→ ____________________。

✚ 낱말과 표현

椅子(いす) 의자　猫(ねこ) 고양이　花屋(はなや) 꽃집, 꽃가게　銀行(ぎんこう) 은행
間(あいだ) 사이　隣(となり) 옆, 이웃　学校(がっこう) 학교　車(くるま) 차, 자동차　カバン 가방
辞書(じしょ) 사전

3 보기

1. 机の (　　　　　　)に 眼鏡が あります。
2. 椅子の (　　　　　　)に 新聞が あります。
3. ノートは かばんの (　　　　　　)に (　　　　　　)。
4. ベッドの (　　　　　　)に 雑誌が あります。
5. 猫は テレビの (　　　　　　)に (　　　　　　)。
6. (　　　　　　)は テレビの 上に あります。
7. 箱の (　　　　　　)に 靴が あります。
8. 本棚は テレビの (　　　　　　)に あります。

✚ 낱말과 표현

机(つくえ) 책상　眼鏡(めがね) 안경　椅子(いす) 의자　新聞(しんぶん) 신문　ノート 노트
ベッド 침대　雑誌(ざっし) 잡지　猫(ねこ) 고양이　テレビ 텔레비전　箱(はこ) 상자
靴(くつ) 신발, 구두　本棚(ほんだな) 책장

독해 · 작문

Track 15

READING & WRITING

읽어봅시다!

木村(きむら)さんの家(いえ)は、イデ駅(えき)のそばにあります。

部屋(へや)は広(ひろ)くて、とてもきれいです。

部屋の中(なか)に、本棚(ほんだな)やテレビやテーブルなどがあります。

テーブルの上(うえ)には、本(ほん)とノートがあります。

そして、椅子(いす)の下(した)に猫(ねこ)がいっぴきいます。

낱말과 표현

家(いえ) 집　イデ駅(えき) 이대 역　そば 곁, 근처, 옆　部屋(へや) 방　広(ひろ)い 넓다
きれいだ 예쁘다　本棚(ほんだな) 책장　テーブル 테이블　～や ～や ～など ～랑 ～랑 ～등
そして 그리고　いっぴき 한 마리

일본어로 써봅시다!

1. 저어, 실례합니다. 백화점은 어디입니까? / 저기입니다.

2. 시계는 어디에 있습니까? / 책상 위에 있습니다.

3. 공원 앞에 차가 있습니다.

4. 역 근처에 슈퍼마켓이 있습니다.

정답 1. あの、すみません。デパートは どこですか。/ あそこです。
2. 時計(とけい)は どこに ありますか。/ 机(つくえ)の 上(うえ)に あります。
3. 公園(こうえん)の 前(まえ)に 車(くるま)が あります。 4. 駅(えき)の そばに スーパーが あります。

한자 즐기기

- 無料 (むりょう) 무료
- 料理 (りょうり) 요리
- 無 (む) 무
- 料 (りょう) 료(요)
- 理 (り) 리
- 食 (しょく) 식
- 金 (きん) 금
- 食料 (しょくりょう) 식료
- 料金 (りょうきん) 요금

써봅시다!

こう えん 公園 공원	公園			
きょう しつ 教室 교실	教室			
うけ つけ 受付 접수처, 카운터	受付			
えき 駅 역	駅			
いえ 家 집	家			
ほん だな 本棚 책장	本棚			

듣기 연습

Track 16~17

LISTENING

A. 내용을 듣고 빈칸에 올바른 말을 넣어 문장을 완성하세요.

1. スーパーは どこ___ ありますか。
2. 学校(がっこう)___ 前(まえ)___ 車(くるま)___ あります。
3. キムさんは 教室(きょうしつ)に _______。
4. 椅子(いす)の ___に 新聞(しんぶん)が あります。

B. 내용을 듣고 일치하면 ○, 일치하지 않으면 ×를 넣으세요.

1. (　　　　　)
2. (　　　　　)
3. (　　　　　)
4. (　　　　　)

회화 플러스 Track 18

OMAKE

01 どんな タイプが 好きですか。
어떤 타입을 좋아합니까?

예 A: どんな タイプが 好(す)きですか。어떤 타입을 좋아합니까?

B: まじめで 優(やさ)しい タイプが 好きです。성실하고 자상한 타입을 좋아합니다.

背(せ)が 高(たか)くて ハンサムな タイプが 好きです。키가 크고 잘생긴 타입을 좋아합니다.

| 아래 낱말을 써서 밑줄 친 부분과 바꿔서 말해보세요. |

背(せ)が高(たか)い・低(ひく)い 키가 크다 · 작다　かわいい 귀엽다　優(やさ)しい 자상하다
おもしろい 재미있다　明(あか)るい 밝다　髪(かみ)が 長(なが)い 머리가 길다
髪が 短(みじか)い 머리가 짧다　性格(せいかく)が いい 성격이 좋다
頭(あたま)が いい 머리가 좋다　目(め)が 大(おお)きい 눈이 크다　目が 小(ちい)さい 눈이 작다
まじめだ 성실하다　親切(しんせつ)だ 친절하다　楽(らく)だ 편안하다　静(しず)かだ 조용하다
ハンサムだ 잘생기다　きれいだ 예쁘다, 깨끗하다　金持(かねも)ち 부자
男(おとこ)らしい 남자답다　女(おんな)らしい 여자답다

02 いますか 있습니까?

▶ 彼氏(かれし) いますか。남자 친구 있습니까?

彼女(かのじょ) いますか。여자 친구 있습니까?

예 A: 彼氏 いますか。

B: はい、います / いいえ、いません。

| 아래 낱말을 써서 밑줄 친 부분과 바꿔서 말해보세요. |

恋人(こいびと) 애인　日本人(にほんじん)の 友達(ともだち) 일본인 친구

GRAMMAR POINT

1과 ~ 3과 문법 정리 포인트

01 い형용사 활용표

기본형 ~이다	~です형 ~(입)니다	~부정형 ~지 않습니다	명사 수식 ~한 + N	~くて ~이고	과거형 ~했습니다	과거 부정형 ~지 않았습니다
高い(たか)	高いです	高く ありません	高い＋N	高くて	高かったです	高く ありませんでした
広い(ひろ)	広いです	広く ありません	広い＋N	広くて	広かったです	広く ありませんでした
暑い(あつ)	暑いです	暑く ありません	暑い＋N	暑くて	暑かったです	暑く ありませんでした
長い(なが)	長いです	長く ありません	長い＋N	長くて	長かったです	長く ありませんでした
早い(はや)	早いです	早く ありません	早い＋N	早くて	早かったです	早く ありませんでした
寒い(さむ)	寒いです	寒く ありません	寒い＋N	寒くて	寒かったです	寒く ありませんでした
易しい(やさ)	易しいです	易しく ありません	易しい＋N	易しくて	易しかったです	易しく ありませんでした
いい よい	いいです よいです	よく ありません	いい＋N よい＋N	よくて	よかったです	よく ありませんでした

GRAMMAR POINT

1과 ~ 3과 문법 정리 포인트

02 な형용사 활용표

기본형 ~이다	~です형 ~(입)니다	~부정형 ~지 않습니다	명사 수식 ~한 + N	~で ~이고	과거형 ~했습니다	과거 부정형 ~지 않았습니다
きれいだ	きれいです	きれいでは ありません	きれいな＋N	きれいで	きれいでした	きれいでは ありませんでした
まじめだ	まじめです	まじめでは ありません	まじめな＋N	まじめで	まじめでした	まじめでは ありませんでした
静(しず)かだ	静かです	静かでは ありません	静かな＋N	静かで	静かでした	静かでは ありませんでした
親切(しんせつ)だ	親切です	親切では ありません	親切な＋N	親切で	親切でした	親切では ありませんでした
便利(べんり)だ	便利です	便利では ありません	便利な＋N	便利で	便利でした	便利では ありませんでした
有名(ゆうめい)だ	有名です	有名では ありません	有名な＋N	有名で	有名でした	有名では ありませんでした
好(す)きだ	好きです	好きでは ありません	好きな＋N	好きで	好きでした	好きでは ありませんでした
上手(じょうず)だ	上手です	上手では ありません	上手な＋N	上手で	上手でした	上手では ありませんでした

GRAMMAR POINT

1과 ~ 3과 문법 정리 포인트

03 존재 표현

	사물 / 식물	사람 / 동물
[긍정문]	あります	います
[부정문]	ありません	いません

예 学校(がっこう)は あそこに あります。학교는 저기에 있습니다.

先生(せんせい)は 会議室(かいぎしつ)に います。선생님은 회의실에 있습니다

04 위치 명사

上(うえ)	下(した)	中(なか)	前(まえ)	後(うし)ろ	向(む)こう
위	아래	안	앞	뒤	맞은편
右(みぎ)	左(ひだり)	横(よこ)	隣(となり)	そば	間(あいだ)
오른쪽	왼쪽	옆	옆, 이웃	근처, 옆	사이

05 ～の ～に ～が あります(います) ~의 ~에 ~가 있습니다

예 机(つくえ)の 上(うえ)に 本(ほん)が あります。책상 위에 책이 있습니다.

コンビニの 前(まえ)に 妹(いもうと)が います。편의점 앞에 여동생이 있습니다.

～は ～の ～に あります(います) ~는 ~의 ~에 있습니다

예 辞書(じしょ)は 椅子(いす)の 上(うえ)に あります。사전은 의자 위에 있습니다.

山田(やまだ)さんは キムさんの 隣(となり)に います。야마다 씨는 김 씨 옆에 있습니다.

GRAMMAR POINT

1과 ~ 3과
문법 정리 포인트

06 조사 총정리

1 ~は[wa] ~는(은)

2 ~も ~도

3 ~を ~를(을)

4 ~の ~의, ~의 것

5 ~と ~와(과)

6 ~から ~まで ~부터 ~까지

7 ~で ~에서, ~로

8 ~が ~이(가)

9 ~に ~(장소)에, ~(대상)에게, ~(시간 / 요일)에

10 ~とか ~라든가

11 ~や ~や ~など ~랑 ~랑 ~등

12 ~より ~보다

1과 ~3과 회화 표현 총정리

1 天気(てんき)は どうですか。

날씨는 어떻습니까?

2 映画(えいが)は どうでしたか。

영화는 어땠습니까?

3 どんな タイプが 好(す)きですか。

어떤 타입을 좋아합니까?

4 スポーツの 中(なか)で 何(なに)が 一番(いちばん) 好(す)きですか。

스포츠 중에서 무엇을 제일 좋아합니까?

5 公園(こうえん)は どこですか。

공원은 어디입니까?

6 日本語(にほんご)の 本(ほん)は どこに ありますか。

일본어 책은 어디에 있습니까?

7 キムさんは どこに いますか。

김 씨는 어디에 있습니까?

8 彼氏(かれし) いますか。

남자 친구 있습니까?

9 彼女(かのじょ) いますか。

여자 친구 있습니까?

04

何人家族ですか。

몇 식구입니까?

이번 과의 포인트

□ キムさんは 何人家族(なんにんかぞく)ですか。

김 씨는 몇 식구입니까?

→ 4人(よにん)家族です。

네 식구입니다.

□ 教室(きょうしつ)の 中(なか)に 椅子(いす)が いくつ ありますか。

교실 안에 의자가 몇 개 있습니까?

→ ひとつしか ありません。

한 개밖에 없습니다.

기본회화

Track 19

DIALOGUE

キム　木村(きむら)さんは 何人家族(なんにんかぞく)ですか。

木村　6人(ろくにん)家族です。

キム　何人兄弟(きょうだい)ですか。

木村　4人(よにん)兄弟です。兄(あに)が 二人(ふたり)と、妹(いもうと)が 一人(ひとり) います。

キムさんは 何人(なんにん)家族ですか。

キム　家族は 3人(さんにん)しか いません。両親(りょうしん)と 私(わたし)の 3人だけです。

木村　それじゃ、キムさんは 一人(ひとり)っ子(こ)ですね。

キム　はい、そうです。木村さんは 兄弟が 多(おお)いですね。

木村　ええ、4人も いるので、車(くるま)と 自転車(じてんしゃ)が 2台(にだい)ずつ あります。

キム　それは 便利(べんり)ですね。

낱말과 표현

何人(なんにん) 몇 명　家族(かぞく) 가족　6人(ろくにん) 여섯 명　兄弟(きょうだい) 형제

4人(よにん) 네 명　～と ~와(과)　～しか いません ~밖에 없습니다(부정)

両親(りょうしん) 부모, 양친　～だけ ~뿐, ~만　一人(ひとり)っ子(こ) 독자, 외동이　多(おお)い 많다

～も ~이나, ~도　동사+～ので ~이니까, ~이기 때문에　車(くるま) 차　自転車(じてんしゃ) 자전거

～台(だい) ~대 (자동차, 자전거 등 조수사)　～ずつ ~씩　便利(べんり)だ 편리하다

문법 포인트

GRAMMAR

01 가족 관계

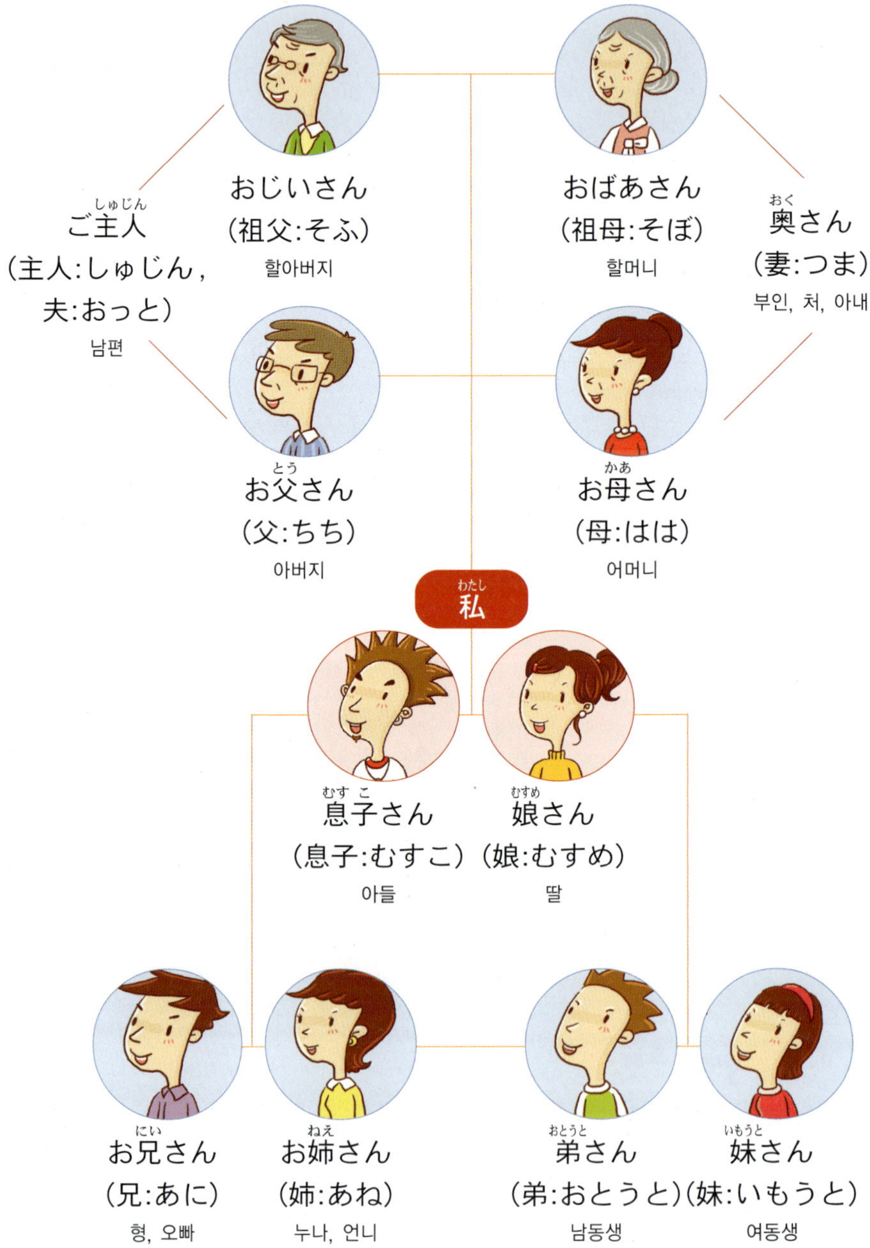

호칭	내 가족을 남에게 말할 때	남의 가족을 부를 때	나의 가족을 부를 때
할아버지	祖父(そふ)	おじいさん	おじいさん
할머니	祖母(そぼ)	おばあさん	おばあさん
아버지	父(ちち)	お父(とう)さん	お父(とう)さん
어머니	母(はは)	お母(かあ)さん	お母(かあ)さん
형 · 오빠	兄(あに)	お兄(にい)さん	お兄(にい)さん
누나 · 언니	姉(あね)	お姉(ねえ)さん	お姉(ねえ)さん
남동생	弟(おとうと)	おとうとさん	이름
여동생	妹(いもうと)	いもうとさん	이름

02 조수사(사람 · 개수)

예 会議室(かいぎしつ)の 中(なか)に 学生(がくせい)は 7人(しちにん) います。

箱(はこ)の 中(なか)に りんごが いつつ あります。

学校(がっこう)の 前(まえ)に 女(おんな)の 人(ひと)が 二人(ふたり) います。

山田(やまだ)さんは お姉(ねえ)さんが 一人(ひとり)、お兄(にい)さんが 二人(ふたり) います。

~명

ひとり 한 명	ふたり 두 명	さんにん 세 명
よにん 네 명	ごにん 다섯 명	ろくにん 여섯 명
しちにん 일곱 명	はちにん 여덟 명	きゅうにん 아홉 명
じゅうにん 열 명	何人(なんにん) 몇 명	

+ 낱말과 표현

会議室(かいぎしつ) 회의실　中(なか) 안, 속　箱(はこ) 상자　りんご 사과　前(まえ) 앞
女(おんな)の人(ひと) 여자

~개			
	ひとつ 한 개	ふたつ 두 개	みっつ 세 개
	よっつ 네 개	いつつ 다섯 개	むっつ 여섯 개
	ななつ 일곱 개	やっつ 여덟 개	ここのつ 아홉 개
	とお 열 개	いくつ 몇 개	

03 ～しか いません(ありません) ~밖에 없습니다 ～だけです ~뿐입니다

～しか いません(ありません)	～だけです
男(おとこ)の 人(ひと)は ひとりしか いません	男の 人は ひとりだけです
私(わたし)には あなたしか いません	私には あなただけです
お金(かね)は 1000円(せんえん)しか ありません	お金は 1000円だけです
机(つくえ)は ひとつしか ありません	机は ひとつだけです

04 ～ので ~이니까, ~이기 때문에

예 今日(きょう)は 休(やす)みなので、田中(たなか)さんは 家(いえ)に いるでしょう。(명사 + なので)

ここは 交通(こうつう)が 便利(べんり)なので、家賃(やちん)が 高(たか)いです。(な형용사 : だ 떼고 + なので)

お金(かね)が あまり ないので、大変(たいへん)です。(い형용사 + ので)

明日(あした)は 大事(だいじ)な 約束(やくそく)が あるので、 無理(むり)です。(동사 + ので)

+ 낱말과 표현

いくつ 몇 개　男(おとこ)の人(ひと) 남자　お金(かね) 돈　机(つくえ) 책상
休(やす)み 휴식, 휴일　家(うち / いえ) 집　交通(こうつう) 교통　家賃(やちん) 집세
大変(たいへん)だ 힘들다　大事(だいじ)だ 중요하다　約束(やくそく) 약속　無理(むり)だ 무리다

조수사 정리

예 ~人(にん)

ひとり　ふたり　さんにん　よにん　ごにん
ろくにん　しちにん　はちにん　きゅうにん　じゅうにん

예 ~개

ひとつ　ふたつ　みっつ　よっつ　いつつ
むっつ　ななつ　やっつ　ここのつ　とお

예 ~枚(まい)

いちまい　にまい　さんまい　よんまい　ごまい
ろくまい　ななまい　はちまい　きゅうまい　じゅうまい

예 ~匹(ひき)

いっぴき　にひき　さんびき　よんひき　ごひき
ろっぴき　ななひき　はっぴき　きゅうひき　じゅっぴき

예 ~杯(はい)

いっぱい　にはい　さんばい　よんはい　ごはい
ろっぱい　ななはい　はっぱい　きゅうはい　じゅっぱい

예 ~本(ほん)

いっぽん　にほん　さんぼん　よんほん　ごほん
ろっぽん　ななほん　はっぽん　きゅうほん　じゅっぽん

예 ~階(かい)

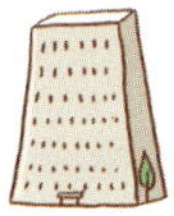

いっかい　にかい　さんがい　よんかい　ごかい
ろっかい　ななかい　はっかい　きゅうかい　じゅっかい

예 ~台(だい)

いちだい　にだい　さんだい　よんだい　ごだい
ろくだい　ななだい　はちだい　きゅうだい　じゅうだい

패턴 연습

PATTERN

1 보기

机(つくえ)・上(うえ)・りんご

机の 上に りんごが ふたつ あります。

1

椅子(いす)・下(した)・新聞(しんぶん)

____

2

皿(さら)・上(うえ)・かき

____

3

机(つくえ)・上(うえ)・鉛筆(えんぴつ)

____

4

食堂(しょくどう)・中(なか)・人(ひと)

____

✚ 낱말과 표현

机(つくえ) 책상　りんご 사과　椅子(いす) 의자　新聞(しんぶん) 신문　皿(さら) 접시　かき 감
鉛筆(えんぴつ) 연필　食堂(しょくどう) 식당　人(ひと) 사람

2

보기

 +  = 

(ふたり) (ごにん) (しちにん)

1  +  = 

(　　　) (　　　) (　　　)

2  +  = 

(　　　) (　　　) (　　　)

3  +  = 

(　　　) (　　　) (　　　)

4  + 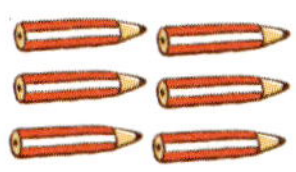 = 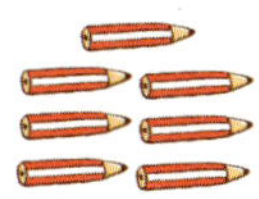

(　　　) (　　　) (　　　)

독해 · 작문

Track 20

READING & WRITING

읽어봅시다!

私の家族を紹介します。父と母と兄と私の４人家族です。

父は５８歳で、医者です。父は背が高くてハンサムです。

母は５５歳で、主婦です。とてもきれいで、優しいです。

兄は３０歳で、銀行員です。頭がよくてまじめです。

兄は彼女が日本人なので、日本語が上手です。そして、私は２７歳で、

大学院生です。スポーツが好きで、日本の歌も大好きです。

낱말과 표현

紹介(しょうかい) 소개　します 합니다　背(せ)が 高(たか)い 키가 크다　銀行員(ぎんこういん) 은행원　頭(あたま)が いい 머리가 좋다　まじめだ 성실하다　彼女(かのじょ) 그녀, 여자 친구　上手(じょうず)だ 잘하다　そして 그리고　好(す)きだ 좋아하다　歌(うた) 노래　大好(だいす)きだ 아주 좋아하다

일본어로 써봅시다!

1. 책상 위에 사과가 네 개 있습니다.

2. 의자는 한 개밖에 없습니다.

3. 일본인은 한 명뿐입니다.

4. 교실 안에 학생이 14 명 있습니다.

정답 1. 机(つくえ)の上(うえ)にりんごがよっつあります。 2. 椅子(いす)はひとつしかありません。
3. 日本人(にほんじん)はひとりだけです。
4. 教室(きょうしつ)の中(なか)に学生(がくせい)が14人(じゅうよにん)います。

한자 연습

한자 즐기기

단어	뜻		長 (ちょう) 장
会社 (かい しゃ)	회사	→	会長 (かいちょう) 회장, 社長 (しゃちょう) 사장
全部 (ぜん ぶ)	전부	→	部長 (ぶちょう) 부장
学校 (がっ こう)	학교	→	校長 (こうちょう) 교장
大学院 (だい がく いん)	대학원	→	院長 (いんちょう) 원장

써봅시다!

家族 (か ぞく) 가족	家族			
兄弟 (きょう だい) 형제	兄弟			
食堂 (しょく どう) 식당	食堂			
箱 (はこ) 상자	箱			
父 (ちち) 아버지	父			
母 (はは) 어머니	母			

듣기 연습

Track 21~22

LISTENING

A. 야마다 씨의 가족을 바르게 설명한 것은 어느 것인지 고르세요.

1

2

3

4

정답 (   )

B. 내용을 듣고 일치하면 ○, 일치하지 않으면 ×를 넣으세요.

1 (   )

2 (   )

3 (   )

4 (   )

회화 플러스

Track 23

OMAKE

01 何人家族(なんにんかぞく)ですか。 몇 식구입니까?

예 A : 何人家族ですか。 몇 식구입니까?

B : 父(ちち)と 母(はは)と 姉(あね)と 妹(いもうと)と 私(わたし)の 5人(ごにん)家族です。

아빠와 엄마와 언니와 여동생과 나, 다섯 식구입니다.

| 아래 낱말을 써서 파란색 부분과 바꿔서 말해보세요. |

祖父(そふ) 할아버지　祖母(そぼ) 할머니　父(ちち) 아버지　母(はは) 어머니

兄(あに) 형, 오빠　姉(あね) 언니, 누나　弟(おとうと) 남동생　妹(いもうと) 여동생

夫(おっと) 남편　妻(つま) 처　息子(むすこ) 아들　娘(むすめ) 딸

02 趣味(しゅみ)は 何(なん)ですか。 취미는 무엇입니까?

예 A : 趣味は 何ですか。 취미는 무엇입니까?

B : 音楽(おんがく)を 聞(き)く ことです。 음악 듣기입니다.

| 아래 낱말을 써서 파란색 부분과 바꿔서 말해보세요. |

映画(えいが)を 見(み)る こと 영화 보기　本(ほん)を 読(よ)む こと 책 읽기

旅行(りょこう) 여행　運動(うんどう) 운동　登山(とざん) 등산

水泳(すいえい) 수영

05

友達と 一緒に 映画を 見ます。

친구와 함께 영화를 봅니다.

이번 과의 포인트

- □ 今日は 何を しますか。
  오늘은 무엇을 합니까?
  → 友達と 一緒に 映画を 見ます。
  친구와 함께 영화를 봅니다.
- □ 昨日は 何を しましたか。
  어제는 무엇을 했습니까?
  → 図書館で 勉強を しました。
  도서관에서 공부를 했습니다.

기본 회화

Track 24

DIALOGUE

キム　青木(あおき)さん、昨日(きのう)は 何(なに)を しましたか。

青木　図書館(としょかん)で 勉強(べんきょう)を しました。キムさんは？

キム　田中(たなか)さんの 誕生日(たんじょうび)パーティーへ 行(い)きました。

青木　今日(きょう)は 何を しますか。

キム　友達(ともだち)と 一緒(いっしょ)に 映画(えいが)を 見(み)ます。

青木さんは 何を しますか。

青木　私(わたし)は 今日も 勉強を します。

金曜日(きんようび)に 英語(えいご)の インタビューテストが あります。

キム　そうですか。がんばって ください。

青木　ありがとうございます。

낱말과 표현

昨日(きのう) 어제　何(なに) 무엇　～を ～을(를)　します 합니다(과거 : しました)
図書館(としょかん) 도서관　～(장소)で ～에서　勉強(べんきょう) 공부
誕生日(たんじょうび)パーティー 생일 파티　～へ[e] ～에　行(い)く 가다(과거: 行きました)
今日(きょう) 오늘　友達(ともだち) 친구　～と 一緒(いっしょ)に ～와 함께　映画(えいが) 영화
～も ～도, ～이나　金曜日(きんようび) 금요일　英語(えいご) 영어
インタビューテスト 인터뷰 시험　頑張(がんば)ってください 열심히 하세요

문법 포인트

GRAMMAR

01 동사의 기본 활용(ます형)

	〈u단→i단＋ます〉	예
1그룹 동사 (5단동사)	① る로 끝나되 바로 앞이 a · u · o단인 경우 예 わかる　つくる　のる … k+a　k+u　n+o ② る로 끝나지 않는 모든 동사 (う　く　ぐ　す　つ　ぬ　ぶ　む) 예 会(あ)う　行(い)く　話(はな)す　飲(の)む … ③ 형태는 2그룹, 활용은 1그룹(예외 5단동사) 예 帰(かえ)る　入(はい)る　切(き)る　知(し)る　しゃべる …	行(い)くーいきます 飲(の)むーのみます 待(ま)つーまちます あるーあります わかるーわかります 乗(の)るーのります 作(つく)るーつくります ★帰(かえ)るーかえります
2그룹 동사 (상1단동사 하1단동사)	る로 끝나되 바로 앞이 i단, e단인 경우 예 見(み)る　食(た)べる　いる　寝(ね)る… m+i　b+e　i　n+e	見(み)るーみます 食(た)べるーたべます 起(お)きるーおきます 寝(ね)るーねます
3그룹 동사 (カ행변격동사 サ행변격동사)	2개뿐이므로 암기할 것! 예 来(く)る 오다　　する 하다	来(く)るーきます するーします

ます형의 활용

기본형		예 行(い)く 가다
현재형	～ます	예 行きます 갑니다
과거형	～ました	예 行きました 갔습니다
부정형	～ません	예 行きません 가지 않습니다
과거부정형	～ませんでした	예 行きませんでした 가지 않았습니다

★ ます형의 현재형은 미래형도 포함한다

예 明日(あした)は 友達(ともだち)と 映画(えいが)を 見ます。

来週(らいしゅう)の 土曜日(どようび)に 日本(にほん)へ 行(い)きます。

※ ます형 활용 연습(해답 70쪽)

기본형	뜻	종류	～ます ～합니다	～ました ～했습니다	～ません ～하지 않습니다	～ませんでした ～하지 않았습니다
買(か)う	사다					
会(あ)う	만나다					
行(い)く	가다					
書(か)く	쓰다					
話(はな)す	이야기하다					
待(ま)つ	기다리다					
持(も)つ	들다, 갖다					
死(し)ぬ	죽다					
遊(あそ)ぶ	놀다					
飲(の)む	마시다					
読(よ)む	읽다					
わかる	알다					
ある	있다(무생물)					
乗(の)る	타다					
帰(かえ)る	돌아오다(가다)					
見(み)る	보다					
食(た)べる	먹다					
起(お)きる	일어나다					
寝(ね)る	자다					
いる	있다(생물)					
教(おし)える	가르치다					
来(く)る	오다					
する	하다					

02 ～へ [e] ～에, ～로 + 동작성 동사 (行く・来る・帰る)

예 家族(かぞく)と 一緒(いっしょ)に デパートへ 行(い)きました。

いつ 韓国(かんこく)へ 来(き)ましたか。

11時(じゅういちじ)に 家(うち)へ 帰(かえ)ります。

03 ～ます / ～ません ～합니다 / ～하지 않습니다(안 합니다)

예 私(わたし)は 毎朝(まいあさ) 7時(しちじ)に 起(お)きます。

日曜日(にちようび)に 日本(にほん)へ 行(い)きます。

キムさんは お酒(さけ)を 飲(の)みません。

私は 朝(あさ)ごはんを 食(た)べません。

04 ～ました / ～ませんでした ～했습니다 / ～하지 않았습니다

예 今日(きょう)は 朝(あさ) 早(はや)く 起(お)きました。

昨日(きのう)は 12時半(じゅうにじはん)に 寝(ね)ました。

水曜日(すいようび)に 友達(ともだち)と 一緒(いっしょ)に 映画(えいが)を 見(み)ました。

木村(きむら)さんの 誕生日(たんじょうび)なので プレゼントを 買(か)いました。

スーパーへ 行(い)きましたが、何(なに)も 買(か)いませんでした。

昨日(きのう)は 日本語(にほんご)の 勉強(べんきょう)を しませんでした。

05 장소 + で ~에서

예 部屋(へや)で 音楽(おんがく)を 聞(き)きます。

図書館(としょかん)で 本(ほん)を 読(よ)みます。

学校(がっこう)の 前(まえ)で 友達(ともだち)に 会(あ)いました。

낱말과 표현

友達(ともだち) 친구　映画(えいが)を 見(み)る 영화를 보다　来週(らいしゅう) 다음 주　土曜日(どようび) 토요일　家族(かぞく) 가족　~と 一緒(いっしょ)に ~와 함께　デパート 백화점　韓国(かんこく)へ 来(く)る 한국에 오다　家(うち)へ 帰(かえ)る 집에 돌아오다　毎朝(まいあさ) 매일 아침　起(お)きる 일어나다　日曜日(にちようび) 일요일　お酒(さけ)を 飲(の)む 술을 마시다　朝(あさ)ごはんを 食(た)べる 아침밥을 먹다　朝(あさ) 아침　早(はや)く 일찍, 빨리　誕生日(たんじょうび) 생일　プレゼント 선물　買(か)う 사다　スーパー 슈퍼마켓　何(なに)も 아무것도　昨日(きのう) 어제　勉強(べんきょう) 공부　部屋(へや) 방　音楽(おんがく)を 聞(き)く 음악을 듣다　図書館(としょかん) 도서관　本(ほん)を 読(よ)む 책을 읽다　学校(がっこう) 학교　~に 会(あ)う ~를 만나다

※ ます형 활용 연습 해답

기본형	뜻	종류	～ます ～합니다	～ました ～했습니다	～ません ～하지 않습니다	～ませんでした ～하지 않았습니다
買う(か)	사다	1그룹 동사 (5단 동사)	買います	買いました	買いません	買いませんでした
会う(あ)	만나다		会います	会いました	会いません	会いませんでした
行く(い)	가다		行きます	行きました	行きません	行きませんでした
書く(か)	쓰다		書きます	書きました	書きません	書きませんでした
話す(はな)	이야기하다		話します	話しました	話しません	話しませんでした
待つ(ま)	기다리다		待ちます	待ちました	待ちません	待ちませんでした
持つ(も)	들다, 갖다		持ちます	持ちました	持ちません	持ちませんでした
死ぬ(し)	죽다		死にます	死にました	死にません	死にませんでした
遊ぶ(あそ)	놀다		遊びます	遊びました	遊びません	遊びませんでした
飲む(の)	마시다		飲みます	飲みました	飲みません	飲みませんでした
読む(よ)	읽다		読みます	読みました	読みません	読みませんでした
わかる	알다		わかります	わかりました	わかりません	わかりませんでした
ある	있다(무생물)		あります	ありました	ありません	ありませんでした
乗る(の)	타다		乗ります	乗りました	乗りません	乗りませんでした
帰る(かえ)	돌아오다(가다)		帰ります	帰りました	帰りません	帰りませんでした
見る(み)	보다	2그룹 동사 (상1단 하1단 동사)	見ます	見ました	見ません	見ませんでした
食べる(た)	먹다		食べます	食べました	食べません	食べませんでした
起きる(お)	일어나다		起きます	起きました	起きません	起きませんでした
寝る(ね)	자다		寝ます	寝ました	寝ません	寝ませんでした
いる	있다(생물)		います	いました	いません	いませんでした
教える(おし)	가르치다		教えます	教えました	教えません	教えませんでした
来る(く)	오다	3그룹(カ행 변격동사)	来ます	来ました	来ません	来ませんでした
する	하다	3그룹(サ행 변격동사)	します	しました	しません	しませんでした

패턴 연습

PATTERN

1 보기

朝(あさ)ごはんを 食(た)べる

朝(あさ)ごはんを 食(た)べますか。
はい、食べます。
いいえ、食べません。

1

新聞(しんぶん)を 読(よ)む

新聞(しんぶん)を＿＿＿＿＿＿＿＿＿＿。
はい、＿＿＿＿＿＿＿＿＿＿。
いいえ、＿＿＿＿＿＿＿＿＿＿。

2

音楽(おんがく)を 聞(き)く

音楽(おんがく)を＿＿＿＿＿＿＿＿＿＿。
はい、＿＿＿＿＿＿＿＿＿＿。
いいえ、＿＿＿＿＿＿＿＿＿＿。

3

映画(えいが)を 見(み)る

映画(えいが)を＿＿＿＿＿＿＿＿＿＿。
はい、＿＿＿＿＿＿＿＿＿＿。
いいえ、＿＿＿＿＿＿＿＿＿＿。

4

バスに 乗(の)る

バスに＿＿＿＿＿＿＿＿＿＿。
はい、＿＿＿＿＿＿＿＿＿＿。
いいえ、＿＿＿＿＿＿＿＿＿＿。

5

勉強(べんきょう)を する

勉強(べんきょう)を＿＿＿＿＿＿＿＿＿＿。
はい、＿＿＿＿＿＿＿＿＿＿。
いいえ、＿＿＿＿＿＿＿＿＿＿。

✚ 낱말과 표현

新聞(しんぶん)を 読(よ)む 신문을 읽다　音楽(おんがく)を 聞(き)く 음악을 듣다
映画(えいが)を 見(み)る 영화를 보다　バスに 乗(の)る 버스를 타다　勉強(べんきょう)を する 공부를 하다

2

보기

パンを 作(つく)る

パンを 作(つく)りましたか。

はい、作りました。

いいえ、作りませんでした。

1

メールを 書(か)く

メールを________________。

はい、________________。

いいえ、________________。

2

お酒(さけ)を 飲(の)む

お酒(さけ)を________________。

はい、________________。

いいえ、________________。

3

買(か)い物(もの)を する

買(か)い物(もの)を________________。

はい、________________。

いいえ、________________。

4

英語(えいご)で 話(はな)す

英語(えいご)で________________。

はい、________________。

いいえ、________________。

5

日本語(にほんご)を 教(おし)える

日本語を________________。

はい、________________。

いいえ、________________。

✚ 낱말과 표현

パンを 作(つく)る 빵을 만들다　メールを 書(か)く 메일을 쓰다　お酒(さけ)を 飲(の)む 술을 마시다
買(か)い物(もの)を する 쇼핑을 하다　日本語(にほんご)で 話(はな)す 일본어로 이야기하다
教(おし)える 가르치다

3

보기 の　に　で　を　へ　と　が　から　まで

1. 昨日(きのう)は 図書館(としょかん)(　　) レポートを 書(か)きました。
2. 月曜日(げつようび)(　　)金曜日(きんようび)(　　) 日本語学校(にほんごがっこう)で 勉強(べんきょう)を します。
3. 木村(きむら)さん(　　) 一緒(いっしょ)に 映画(えいが)(　　) 見(み)ました。
4. 今日(きょう)は 朝(あさ) 6時(ろくじ)(　　) 起(お)きました。
5. 本屋(ほんや)の 前(まえ)(　　) 友達(ともだち)(　　) 会(あ)いました。
6. キムさんは 来週(らいしゅう)の 月曜日に 中国(ちゅうごく)(　　) 行(い)きます。
7. 私(わたし)は ゲーム(　　) 大好(だいす)きです。
   昨日(きのう)も 12時(じゅうにじ)まで 家(いえ)で ゲームを しました。
8. キムさんは 英語(えいご)(　　) 先生(せんせい)です。学校(　　) 英語を 教(おし)えます。

✚ 낱말과 표현

図書館(としょかん) 도서관　レポートを 書(か)く 리포트를 쓰다　日本語学校(にほんごがっこう) 일본어 학교
勉強(べんきょう) 공부　いっしょに 같이, 함께　映画(えいが) 영화　朝(あさ) 아침　起(お)きる 일어나다
本屋(ほんや) 서점　友達(ともだち) 친구　会(あ)う 만나다　ゲーム 게임　大好(だいす)きだ 아주 좋아하다
昨日(きのう) 어제　家(いえ / うち) 집　英語(えいご) 영어　教(おし)える 가르치다

읽어봅시다!

私(わたし)は毎朝(まいあさ)7時(しちじ)に起(お)きます。私は朝(あさ)ごはんを食(た)べません。

今日(きょう)も、コーヒーを一杯(いっぱい)飲(の)んで学校(がっこう)へ行(い)きました。11時(じゅういち)からテストでしたが、あまり勉強(べんきょう)をしませんでした。

1時(いち)から4時(よ)まで図書館(としょかん)で本(ほん)を読(よ)みました。それから、田中(たなか)さんに会(あ)いました。

一緒(いっしょ)に映画(えいが)を見(み)ました。映画はとてもおもしろかったです。

10時(じゅう)に家(うち)へ帰(かえ)りました。コンピューターをして12時(じゅうに)に寝(ね)ました。

+ 낱말과 표현

毎朝(まいあさ) 매일 아침　起(お)きる 일어나다　朝(あさ)ごはん 아침밥　一杯(いっぱい) 한 잔
飲(の)んで 마시고 → 飲(の)む 마시다　～へ ～에, ～로　あまり 별로, 그다지　勉強(べんきょう) 공부
図書館(としょかん) 도서관　～に 会(あ)う ～를 만나다　して 하고 → する 하다　寝(ね)る 자다

일본어로 써봅시다!

1. 내일은 무엇을 합니까? / 친구와 영화를 봅니다.

2. 어제는 무엇을 했습니까? / 학교에서 공부를 했습니다.

3. 몇 시에 일어났습니까? / 7시 10분에 일어났습니다.

4. 어제는 아무것도 먹지 않았습니다.

정답
1. 明日(あした)は 何(なに)を しますか。 / 友達(ともだち)と 映画(えいが)を 見(み)ます。
2. 昨日(きのう)は 何を しましたか。 / 学校(がっこう)で 勉強(べんきょう)を しました。
3. 何時(なんじ)に 起(お)きましたか。 / 7時(しちじ) 10分(じゅっぷん)に 起きました。
4. 昨日(きのう)は 何(なに)も 食(た)べませんでした。

한자 연습

KANJI

한자 즐기기

かいわ
会話 회화

つうわ
通話 통화

かいしゃ こうつう でんわ
会社 交通 電話

회사 교통 전화

써봅시다!

としょかん 図書館 도서관	図書館			
まいあさ 毎朝 매일 아침	毎朝			
おんがく 音楽 음악	音楽			
べんきょう 勉強 공부	勉強			
かもの 買い物 쇼핑	買い物			
えいが 映画 영화	映画			

듣기 연습

Track 26~27

LISTENING

A. 내용을 듣고 야마다 씨의 하루 일과를 순서대로 나열하세요.

(　　　　　) — (　　　　　) — (　　　　　) — (　　　　　)

❶

❷

❸

❹

B. 내용을 듣고 그림과 일치하면 ○, 일치하지 않으면 ×를 넣으세요.

❶ (　　　　　)

❷ (　　　　　)

❸ (　　　　　)

❹ (　　　　　)

쉬어가기

여러 가지 과일 (くだもの)

かき 감

みかん 귤

オレンジ 오렌지

レモン 레몬

バナナ 바나나

まくわうり 참외

いちご 딸기

りんご 사과

なし 배

キウィ 키위

パイナップル 파인애플

すいか 수박

もも 복숭아

ぶどう 포도

06

最近 寒く なりましたね。

요즘 추워졌네요.

이번 과의 포인트

- □ 最近 寒く なりましたね。
  요즘 추워졌네요.

  → ええ、そうですね。
  네, 그렇네요.

- □ 昨日は 何を しましたか。
  어제는 무엇을 했습니까?

  → デパートへ 買い物に 行きました。
  백화점에 쇼핑하러 갔습니다.

기본 회화 Track 28 DIALOGUE

キム　最近(さいきん) 寒(さむ)く なりましたね。

木村　ええ、本当(ほんとう)に 寒く なりました。

キム　私(わたし)は 昨日(きのう) デパートへ 買(か)い物(もの)に 行(い)きました。

デパートで コートと セーターを 買(か)いました。

木村　私も 昨日 デパートへ 行きました。

キム　そうですか。何(なに)か 買いましたか。

木村　はい、妹(いもうと)が 大学生(だいがくせい)に なるので かばんと 靴(くつ)を 買いました。

これは 妹の 写真(しゃしん)です。

キム　わあ、本当に アヤさんですか。

ずいぶん きれいに なりましたね。

✚ 낱말과 표현

最近(さいきん) 최근, 요즘　～く なる ～하게 되다, ～해지다　本当(ほんとう)に 정말로
デパート 백화점　買(か)い物(もの) 쇼핑　～に 行(い)く ～하러 가다　コート 코트　セーター 스웨터
何(なに)か 무언가, 무엇인지　妹(いもうと) 여동생　명사＋に なる 명사＋이(가) 되다
～ので ～이기 때문에　かばん 가방　靴(くつ) 구두　写真(しゃしん) 사진　ずいぶん 꽤

문법 포인트

GRAMMAR

01 ～く なる・～に なる ～이(하게) 되다

명사	명사+に なる	예 先生(せんせい)に なる 선생님이 되다
い 형용사	~~い~~ → く なる	예 暑(あつ)い → 暑くなる 더워지다
な 형용사	~~だ~~ → に なる	예 便利(べんり)だ → 便利に なる 편리해지다

예 キムさんは 大学生(だいがくせい)に なりました。

暑い 夏(なつ)に なりました。

あの 店(みせ)の サービスが よく なりました。

日本語(にほんご)が 上手(じょうず)に なりました。

この 町(まち)は 前(まえ)より にぎやかに なりました。

02 동작성 명사＋に 行く / に 来る

～하러 가다 / ～하러 오다

예 デパートへ 買(か)い物(もの)に 行(い)きます。

キムさんと 旅行(りょこう)に 行きました。

午後(ごご)は 公園(こうえん)へ 散歩(さんぽ)に 行きます。

私(わたし)も この レストランへ 食事(しょくじ)に 来(き)ました。

03 何か 무언가, 무엇인지 ／ 何が 무엇이

예 ① A：机(つくえ)の 中(なか)に 何(なに)か ありますか。

B：はい、あります。

② A：何が ありますか。

B：本(ほん)と ノートが あります。

[참고]

誰か 누군가 ／ 誰が 누가

① A：教室(きょうしつ)の 中に 誰(だれ)か いますか。

B：はい、います。

② A：誰が いますか。

B：山田(やまだ)さんが います。

낱말과 표현

大学生(だいがくせい) 대학생　暑(あつ)い 덥다　夏(なつ) 여름　店(みせ) 가게　サービス 서비스
上手(じょうず)だ 잘한다, 능숙하다　町(まち) 마을　前(まえ) 전　にぎやかだ 번화하다　デパート 백화점
買(か)い物(もの) 쇼핑　旅行(りょこう) 여행　午後(ごご) 오후　公園(こうえん) 공원
散歩(さんぽ) 산책　レストラン 레스토랑　食事(しょくじ) 식사　机(つくえ) 책상　中(なか) 안, 속
ノート 노트　教室(きょうしつ) 교실　誰(だれ) 누구

패턴 연습

PATTERN

1 보기

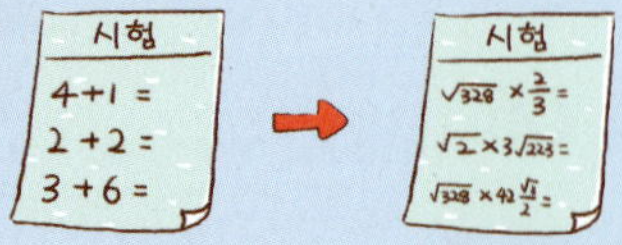

テストは 難(むずか)しい。

→ テストは 難しく なりました。

1

山田(やまだ)さんは 背(せ)が 高(たか)い。

→ 山田さんは________________。

2

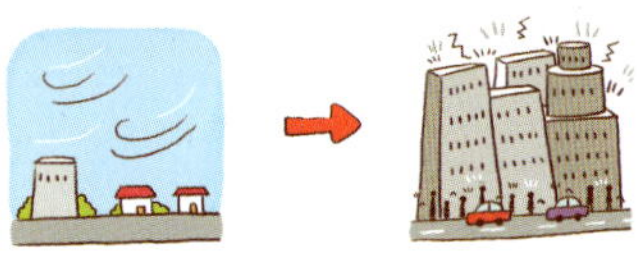

この 町(まち)は にぎやかだ。

→ この 町は________________。

3

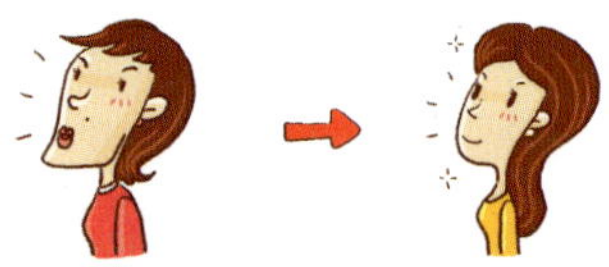

妹(いもうと)は きれいだ。

→ 妹は ________________。

4

キムさんは 会社員(かいしゃいん)だ。

→ キムさんは________________。

5

成績(せいせき)が いい。

→ 成績が________________。

+ 낱말과 표현

テスト 시험　背(せ)が 高(たか)い 키가 크다　妹(いもうと) 여동생　成績(せいせき) 성적

2

보기

友達(ともだち)・買(か)い物(もの)

→ 友達と 買い物に 行きます。

1

家族(かぞく)・旅行(りょこう)

→ ______________________。

2

恋人(こいびと)・花見(はなみ)

→ ______________________。

3

犬(いぬ)・散歩(さんぽ)

→ ______________________。

4

弟(おとうと)・運動(うんどう)

→ ______________________。

✚ 낱말과 표현

買(か)い物(もの) 쇼핑　家族(かぞく) 가족　旅行(りょこう) 여행　恋人(こいびと) 애인
花見(はなみ) 벚꽃 구경　犬(いぬ) 개　散歩(さんぽ) 산책　弟(おとうと) 남동생　運動(うんどう) 운동

독해 · 작문

Track 29

READING & WRITING

읽어봅시다!

うちの会社の前にレストランがあります。このあいだ、テレビにこのレストランが出ましたので、前より有名になりました。先週の土曜日に私は友達と食事に行きました。サービスも大変よくなりました。料理もおいしくて値段もあまり高くありませんでした。

낱말과 표현

うち 우리　レストラン 레스토랑　このあいだ 요전번, 지난번　出(で)る 나오다　～より ～보다(비교)
有名(ゆうめい)だ 유명하다　先週(せんしゅう) 지난주　土曜日(どようび) 토요일　食事(しょくじ) 식사
サービス 서비스　大変(たいへん) 매우, 대단히　料理(りょうり) 요리　値段(ねだん) 가격

일본어로 써봅시다!

1. 야마다 씨와 함께 백화점에 쇼핑하러 갔습니다.
2. 김 씨는 일본어 선생님이 되었습니다.
3. 일본의 교통은 편리해졌습니다.
4. 갑자기 더워졌습니다.

정답
1. 山田(やまだ)さんといっしょにデパートへ買(か)い物(もの)に行(い)きました。
2. キムさんは日本語(にほんご)の先生(せんせい)になりました。
3. 日本(にほん)の交通(こうつう)は便利(べんり)になりました。
4. 急(きゅう)に暑(あつ)くなりました。

한자 즐기기

もん
問 문 → 問題（もんだい） 문제 → 題

しゅく
宿 숙 → 宿題（しゅくだい） 숙제 → 題

わ
話 화 → 話題（わだい） 화제 → 題

だい
題 제

써봅시다!

さい きん 最近 최근	最近			
しゃ しん 写真 사진	写真			
りょ こう 旅行 여행	旅行			
しょく じ 食事 식사	食事			
りょう り 料理 요리	料理			
とも だち 友達 친구	友達			

듣기 연습

Track 30~31

LISTENING

A. 다음 내용을 듣고 그림과 일치하면 ○, 일치하지 않으면 ×를 넣으세요.

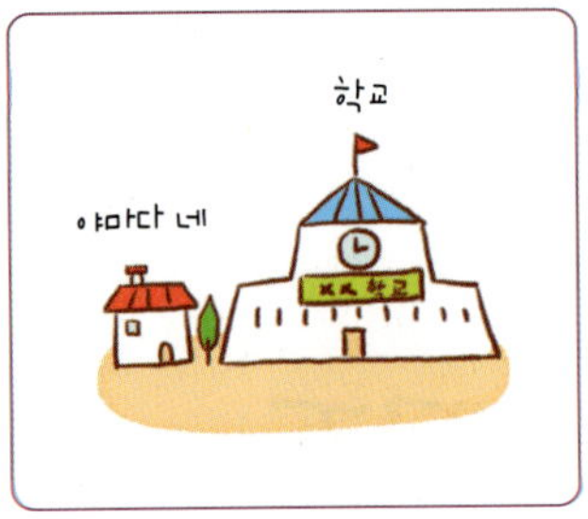

❶ (　　　　　　　　)

❷ (　　　　　　　　)

❸ (　　　　　　　　)

❹ (　　　　　　　　)

B. 다음은 사토 씨의 한 주간의 스케줄입니다. 내용을 듣고 맞으면 ○, 틀리면 ×를 넣으세요.

月	AM 9:00	会議(かいぎ)
火	AM 7:30	日本語教室(にほんごきょうしつ)
水	PM 1:00	田中(たなか)さんと 食事(しょくじ)
木	休(やす)み・映画(えいが)	
金	PM 6:00	サッカーの 試合(しあい)
土	旅行(りょこう)	
日	PM 7:00	デート

❶ (　　　　) ❷ (　　　　) ❸ (　　　　) ❹ (　　　　)

01 血液型(けつえきがた)は 何型(なにがた)ですか。 혈액형이 뭡니까?

예 A : 血液型は 何型ですか。 혈액형이 뭡니까?

B : B 型(がた)です。 B형입니다.

| 아래 낱말을 써서 파란색 부분과 바꿔서 말해보세요. |

A 型 A 형　B 型 B 형　O 型 O 형　AB 型 AB 형

02 私(わたし)の 一日(いちにち) 나의 하루

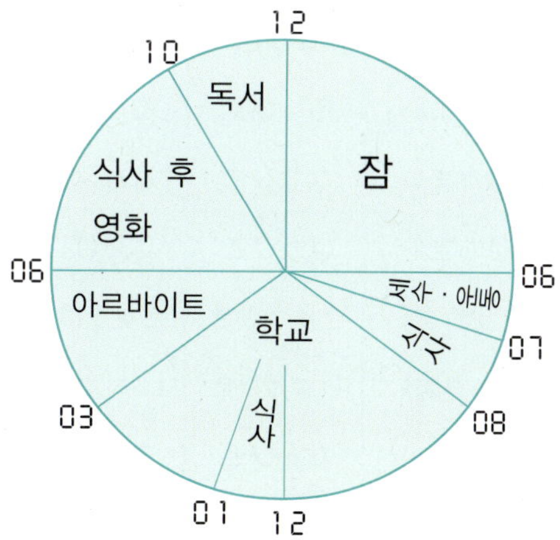

| 아래 낱말을 써서 하루 일과를 말해보세요. |

起(お)きる 일어나다　顔(かお)を 洗(あら)う 세수하다　運動(うんどう) 운동
学校(がっこう)へ 行(い)く 학교에 가다　バイトを する 아르바이트를 하다
ご飯(はん)を 食(た)べる 밥을 먹다　映画(えいが)を 見(み)る 영화를 보다
本(ほん)を 読(よ)む 책을 읽다　寝(ね)る 자다

GRAMMAR POINT

4과 ~ 6과
문법정리 포인트

01 조수사 정리

~人	~개	~枚	~匹	~杯	~本	~階
ひとり	ひとつ	いちまい	いっぴき	いっぱい	いっぽん	いっかい
ふたり	ふたつ	にまい	にひき	にはい	にほん	にかい
さんにん	みっつ	さんまい	さんびき	さんばい	さんぼん	さんがい
よにん	よっつ	よんまい	よんひき	よんはい	よんほん	よんかい
ごにん	いつつ	ごまい	ごひき	ごはい	ごほん	ごかい
ろくにん	むっつ	ろくまい	ろっぴき	ろっぱい	ろっぽん	ろっかい
しちにん	ななつ	ななまい	ななひき	ななはい	ななほん	ななかい
はちにん	やっつ	はちまい	はっぴき	はっぱい	はっぽん	はっかい
きゅうにん	ここのつ	きゅうまい	きゅうひき	きゅうはい	きゅうほん	きゅうかい
じゅうにん	とお	じゅうまい	じゅっぴき	じゅっぱい	じゅっぽん	じゅっかい
なんにん	いくつ	なんまい	なんびき	なんばい	なんぼん	なんがい

GRAMMAR POINT

4과 ~ 6과
문법정리 포인트

02 가족 관계

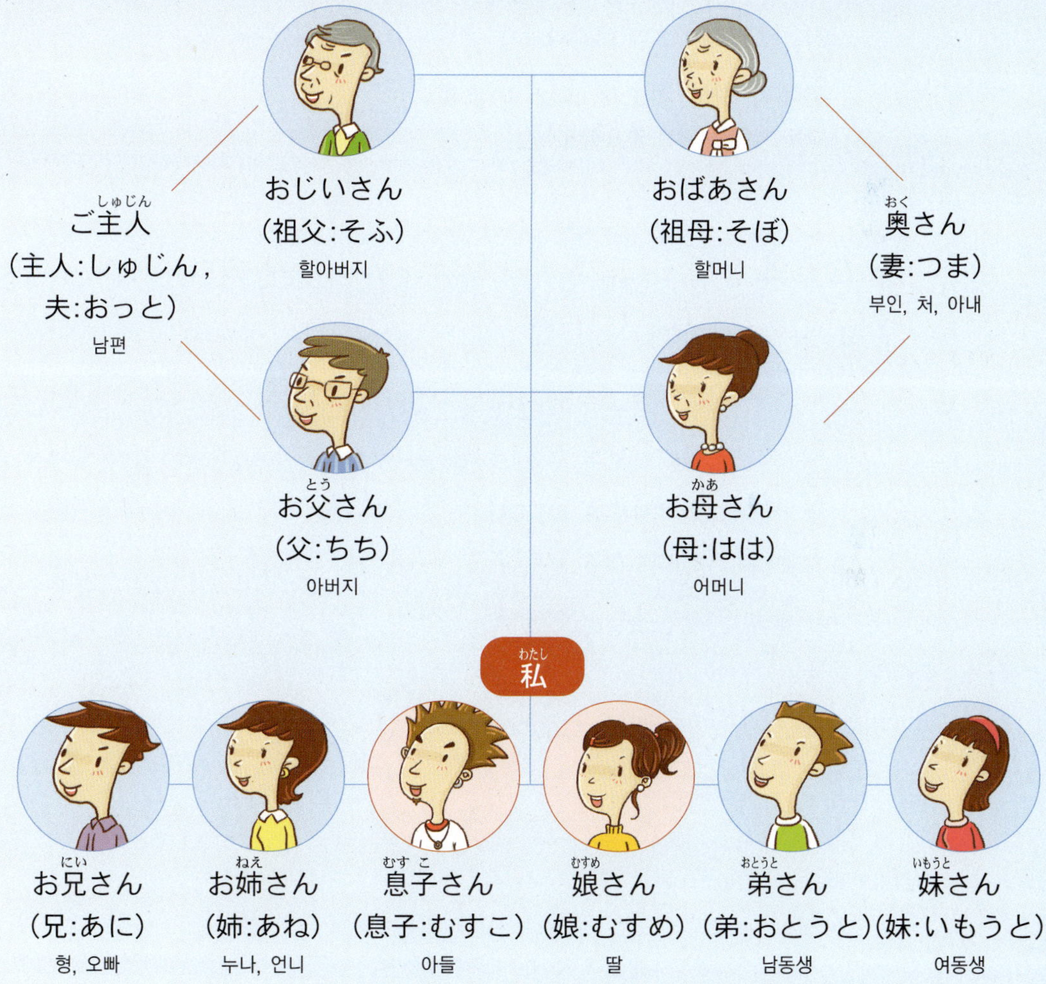

GRAMMAR POINT

4과 ~ 6과
문법정리 포인트

03 ~の ~に ~が + 조수사 + あります(います)

예 机(つくえ)の 上(うえ)に りんごが よっつ あります。

책상 위에 사과가 네 개 있습니다.

教室(きょうしつ)の 中(なか)に 学生(がくせい)が 10人(じゅうにん) います。

교실 안에 학생이 열 명 있습니다.

04 なる의 용법 (~ 되다 / ~ 해지다 / ~ 하게 되다)

1 명사 : N+に なる

예 大学生(だいがくせい)に なる 대학생이 되다

2 い형용사 : ~~い~~+く なる

예 寒(さむ)く なる 추워지다, 춥게 되다

3 な형용사 : ~~だ~~+に なる

예 有名(ゆうめい)に なる 유명해지다

GRAMMAR POINT

4과 ~ 6과 문법정리 포인트

05 ます형 활용 총연습

기본형	뜻	종류·방법	～ます ～합니다	～ました ～했습니다	～ません ～하지 않습니다	～ませんでした ～하지 않았습니다
買(か)う	사다	1그룹 동사 (5단 동사) u단 ↓ i단 + ます	買います	買いました	買いません	買いませんでした
行(い)く	가다		行きます	行きました	行きません	行きませんでした
話(はな)す	이야기하다		話します	話しました	話しません	話しませんでした
待(ま)つ	기다리다		待ちます	待ちました	待ちません	待ちませんでした
死(し)ぬ	죽다		死にます	死にました	死にません	死にませんでした
遊(あそ)ぶ	놀다		遊びます	遊びました	遊びません	遊びませんでした
飲(の)む	마시다		飲みます	飲みました	飲みません	飲みませんでした
ある	있다(무생물)		あります	ありました	ありません	ありませんでした
帰(かえ)る	돌아오다(가다)		帰ります	帰りました	帰りません	帰りませんでした
見(み)る	보다	2그룹 동사 (상1단 하1단 동사) ~~る~~ ↓ ます	見ます	見ました	見ません	見ませんでした
食(た)べる	먹다		食べます	食べました	食べません	食べませんでした
いる	있다(생물)		います	いました	いません	いませんでした
来(く)る	오다	3그룹(カ행 변격동사)	来(き)ます	来(き)ました	来(き)ません	来(き)ませんでした
する	하다	3그룹(サ행 변격동사)	します	しました	しません	しませんでした

GRAMMAR POINT

4과 ~ 6과 문법정리 포인트

06 조사 정리 (1)

～は ~는 ～が ~이(가) ～も ~도, ~이나 ～を ~를(을) ～と ~와(과) ～や～や～など ~랑 ~랑 ~등	～の ① ~의 ② ~의 것 ～から ~부터 ～まで ~까지 ～より ~보다 ～とか ~라든가	～に ① ~에(있다, 없다) ② ~에게 ③ (시간, 요일) ~에 ～で ① 장소 + ~ 에서 ② 수단, 방법, 도구 + ~ 로 ～へ(e) 장소 + ~ 에 / 로 (+ 行く・来る・帰る)

07 조사 정리 (2)

1 친구를 만나다

예 友達(ともだち)に 会(あ)う(○)

友達を 会う(×)

2 버스를 타다

예 バスに 乗(の)る(○)

バスを 乗る(×)

KATAKANA NOTE

필수 가타카나 연습

テレビ てれび TV	テレビ			
パーティー ぱーてぃー 파티	パーティー			
スポーツ すぽーつ 스포츠	スポーツ			
ゲーム げーむ 게임	ゲーム			
デパート でぱーと 백화점	デパート			
セーター せーたー 스웨터	セーター			
コート こーと 코트	コート			

07

友達と 遊びに 行きます。

친구와 놀러 갑니다.

이번 과의 포인트

- □ 土曜日に 何か 予定が ありますか。

  토요일에 뭔가 예정이 있습니까?

  → はい、友達と 一緒に 遊びに 行きます。

  네, 친구와 함께 놀러 갑니다.

- □ キムさんは どこへ 行きたいですか。

  김 씨는 어디에 가고 싶습니까?

  → 私は 海へ 行きたいです。

  저는 바다에 가고 싶습니다.

기본 회화

Track 33

DIALOGUE

青木　里美さん、今度の 土曜日は 何か 予定が ありますか。

里美　土曜日ですか。まだ 予定は ありませんが……。

青木　実は 土曜日に 山田さんと 海へ 遊びに 行く 予定なんですが、

里美さんも 一緒に 行きませんか。

里美　いいですね。どこの 海へ 行きますか。

青木　私たちは 湘南へ 行く つもりですが、里美さんは どこへ 行きたいですか。

里美　私は どこでも いいです。

青木　じゃ、湘南に しましょう。

土曜日の 8時に 駅の 前で 会いましょう。

里美　はい、わかりました。

✚ 낱말과 표현

今度(こんど) 이번　何(なに)か 무언가, 무엇인지　予定(よてい) 예정　実(じつ)は 사실은, 실은　海(うみ) 바다　遊(あそ)ぶ 놀다　ます형 + に 行(い)く ~하러 가다　~が ~이지만　一緒(いっしょ)に 같이, 함께　~ませんか ~하지 않겠습니까?　湘南(しょうなん) 일본의 유명한 바닷가　~でも ~든지, ~라도　~に する ~로 하다　~ましょう ~합시다　駅(えき) 역　わかりました 알겠습니다

문법 포인트

GRAMMAR

01 ます형 활용 I

～ましょう	～합시다	예 読(よ)みましょう
～ましょうか	～할까요	예 読みましょうか
～ませんか	～하지 않겠습니까	예 読みませんか
～に 行く	～하러 가다	예 読みに 行く
～たい(です)	～하고 싶다	예 読みたい(です)
～たくない(です)	～하고 싶지 않다	예 読みたくない(です) (=読みたく ありません)

02 ～に 行く ～하러 가다

예 5時(ごじ)に 友達(ともだち)に 会(あ)いに 行(い)きます。

デパートへ かばんを 買(か)いに 行きました。

山田(やまだ)さんと 映画(えいが)を 見(み)に 行きました。

03 명사＋なんです ～입니다, ～인 것입니다.

예 専攻(せんこう)は 日本語(にほんご)なんです。

明日(あした)は 休(やす)みなんです。

今日(きょう)は キムさんの 誕生日(たんじょうび)なんですか。

04 ～ましょう ～합시다

예 一緒(いっしょ)に 勉強(べんきょう)しましょう。

デパートへ 買(か)い物(もの)に 行(い)きましょう。

日本語(にほんご)で 話(はな)しましょう。

05 ～ませんか ～하지 않겠습니까

예 一緒(いっしょ)に 映画(えいが)を 見(み)ませんか。

コーヒーでも 飲(の)みませんか。

公園(こうえん)へ 散歩(さんぽ)に 行(い)きませんか。

✚ 낱말과 표현

友達(ともだち) 친구　デパート 백화점　映画(えいが)を 見る 영화를 보다　専攻(せんこう) 전공
明日(あした) 내일　休(やす)み 휴일　今日(きょう) 오늘　誕生日(たんじょうび) 생일
一緒(いっしょ)に 함께, 같이　勉強(べんきょう) 공부　買(か)い物(もの) 쇼핑
～に 行(い)く ～하러 가다　日本語(にほんご)で 話(はな)す 일본어로 이야기하다　コーヒー 커피
～でも ～라도, ～든지　飲(の)む 마시다　公園(こうえん) 공원　散歩(さんぽ) 산책

06 ～たい ～하고 싶다

예 A：何(なに)が 食(た)べたいですか。 → B：すしが 食べたいです。

A：どこへ 行きたいですか。 → B：山(やま)へ 行きたいです。

A：誰(だれ)に 会(あ)いたいですか。 → B：母(はは)に 会いたいです。

07 ～に する ～로 하다

예 メニューは 何(なに)に しますか。

テストは 来週(らいしゅう)の 月曜日(げつようび)に しましょう。

場所(ばしょ)は どこに しましょうか。

| 활용 |

会(あ)う 만나다	読(よ)む 읽다	聞(き)く 듣다	飲(の)む 마시다	教(おし)える 가르치다
会いましょう 만납시다	読みましょう	聞きましょう	飲みましょう	教えましょう
会いましょうか 만날까요	読みましょうか	聞きましょうか	飲みましょうか	教えましょうか
会いませんか 만나지 않겠습니까	読みませんか	聞きませんか	飲みませんか	教えませんか
会いに 行く 만나러 가다	読みに 行く	聞きに 行く	飲みに 行く	教えに 行く
会いたい 만나고 싶다	読みたい	聞きたい	飲みたい	教えたい
会いたくない 만나고 싶지 않다	読みたくない	聞きたくない	飲みたくない	教えたくない

✚ 낱말과 표현

食(た)べる 먹다　すし 초밥　誰(だれ) 누구　～に 会(あ)う ～를 만나다　メニュー 메뉴
来週(らいしゅう) 다음 주　月曜日(げつようび) 월요일　場所(ばしょ) 장소

패턴 연습

PATTERN

1 보기

靴(くつ)を 買(か)う

→ 靴を 買いに 行(い)きます。

1

映画(えいが)を 見(み)る

→ ______________________ 行きます。

2

遊(あそ)ぶ

→ ______________________ 行きます。

3

コーヒーを 飲(の)む

→ ______________________ 行きます。

4

さしみを 食(た)べる

→ ______________________ 行きます。

✚ 낱말과 표현

靴(くつ) 구두　買(か)う 사다　映画(えいが) 영화　遊(あそ)ぶ 놀다　コーヒー 커피
飲(の)む 마시다　さしみ 회　食(た)べる 먹다

2 보기

日本へ 行く

→ 日本へ 行きたいです。

→ 日本へ 行きたく ありません。

1

飛行機に 乗る

→ ______________________。

→ ______________________。

2

日本語を 勉強する

→ ______________________。

→ ______________________。

3

音楽を 聞く

→ ______________________。

→ ______________________。

4

友達に 会う

→ ______________________。

→ ______________________。

✚ 낱말과 표현

飛行機(ひこうき) 비행기　勉強(べんきょう) 공부　音楽(おんがく) 음악　友達(ともだち) 친구

3 보기

7時

約束は 何時に しましょうか。

→ 7時に しましょう。

1

公園

場所は どこに しましょうか。

→ ____________________。

2

金曜日

試験は いつに しましょうか。

→ ____________________。

3

うどん

メニューは 何に しましょうか。

→ ____________________。

4

木村

主人公は 誰に しましょうか。

→ ____________________。

✚ 낱말과 표현

約束(やくそく) 약속　場所(ばしょ) 장소　試験(しけん) 시험　メニュー 메뉴
主人公(しゅじんこう) 주인공　誰(だれ) 누구

독해 · 작문

Track 34

READING & WRITING

읽어봅시다!

私(わたし)は来年(らいねん)の４月(しがつ)に日本(にほん)へ勉強(べんきょう)しに行(い)くつもりです。

それで、毎日(まいにち)日本語教室(にほんごきょうしつ)で日本語を勉強(べんきょう)しています。

日本語の勉強ははじめてです。

日本語は最初(さいしょ)は簡単(かんたん)でしたが、今(いま)は 難(むずか)しいです。

だから、早(はや)く日本語が上手(じょうず)になりたいです。

✚ 낱말과 표현

勉強(べんきょう) 공부　～に 行(い)く ～하러 가다　동사 기본형＋つもり ～할 생각　それで 그래서
毎日(まいにち) 매일　日本語教室(にほんごきょうしつ) 일본어 교실(학원)　～ています ～하고 있습니다
はじめて 처음　最初(さいしょ) 최초, 처음　簡単(かんたん)だ 간단하다　難(むずか)しい 어렵다
だから 그러니까　早(はや)く 빨리　上手(じょうず)に 능숙하게　なる 되다　～たい ～하고 싶다

일본어로 써봅시다!

1. 백화점에 가방을 사러 갑시다.

2. 7시에 친구를 만나러 갔습니다.

3. 저도 바다에 가고 싶습니다.

4. 같이 놀러 가지 않겠습니까?

정답 1. デパートへ かばんを 買(か)いに 行(い)きましょう。
2. 7時(しちじ)に 友達(ともだち)に 会(あ)いに 行きました。
3. 私(わたし)も 海(うみ)へ 行きたいです。
4. 一緒(いっしょ)に 遊(あそ)びに 行きませんか。

한자 연습

한자 즐기기

男(だん) 남 — 性(せい) 성 — 格(かく) 격

女(じょ) 여 — 性(せい) 성 — 別(べつ) 별

男性(だんせい) 남성

性格(せいかく) 성격

女性(じょせい) 여성

性別(せいべつ) 성별

써봅시다!

予定(よてい) 예정	予定			
今度(こんど) 이번	今度			
教室(きょうしつ) 교실	教室			
来年(らいねん) 내년	来年			
簡単(かんたん) 간단	簡単			
海(うみ) 바다	海			

듣기 연습

Track 35~36

LISTENING

A. 두 사람의 대화를 듣고 놀러 가기로 한 장소는 어디인지 골라보세요.

1

2

3

4

정답 (　　　　　)

B. 내용을 듣고 그림과 일치하면 ○, 일치하지 않으면 ×를 넣으세요.

1 (　　　　　)

2 (　　　　　)

3 (　　　　　)

4 (　　　　　)

쉬어가기

여러 가지 채소

はくさい 배추

だいこん 무

トマト 토마토

にんじん 당근

きゅうり 오이

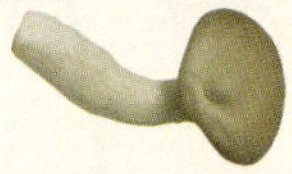
きのこ 버섯

じゃがいも 감자

さつまいも 고구마

かぼちゃ 호박

にんにく 마늘

たまねぎ 양파

ねぎ 파

とうがらし 고추

08

漢字も 多いし、読み方も 難しいですね。

한자도 많고, 읽는 법도 어렵네요.

이번 과의 포인트

□ 日本語の 勉強は どうですか。

일본어 공부는 어떻습니까?

→ 漢字も 多いし、読み方も 難しいです。

한자도 많고, 읽는 법도 어렵습니다.

□ 日本語の 勉強は どう しますか。

일본어 공부는 어떻게 합니까?

→ CDを 聞きながら 本を 読みます。

CD를 들으면서 책을 읽습니다.

기본 회화

Track 37

DIALOGUE

〈問題(もんだい)を 読(よ)みながら〉

イ　「次(つぎ)の 漢字(かんじ)を ひらがなで 書(か)きなさい。」

先生(せんせい)、この 漢字は どう 読(よ)みますか。

先生　「しゅみ」と 読みます。

イ　問題2(もんだいに)の 漢字も 小(ちい)さくて 読みにくいですが。

先生　その 漢字は「せんこう」です。

イ　日本語(にほんご)は 漢字も 多(おお)いし、読(よ)み方(かた)も 難(むずか)しいですね。

先生　毎日(まいにち) 漢字を 書きながら 覚(おぼ)えて ください。役(やく)に 立(た)ちますから。

イ　え！ 毎日 覚えるんですか。

✚ 낱말과 표현

問題(もんだい) 문제　次(つぎ) 다음　漢字(かんじ) 한자　ひらがな 히라가나　どう 어떻게
趣味(しゅみ) 취미　～と 読(よ)む ~라고 읽는다　問題2(もんだいに) 문제2　専攻(せんこう) 전공
多(おお)い 많다　読(よ)み方(かた) 읽는 법　毎日(まいにち) 매일　覚(おぼ)えて ください 외우세요, 외워주세요 (覚える → 覚えて)　役(やく)に 立(た)つ 도움이 되다　～から ~이니까, ~ 이기 때문에
동사＋んです ~하는 겁니다

01 ます형 활용 II

~方(かた)	~하는 법	예 使(つか)い方(かた)
~ながら	~하면서	예 使いながら
~すぎる	너무 ~하다	예 使いすぎる
~やすい	~하기 쉽다	예 使いやすい
~にくい	~하기 어렵다	예 使いにくい
~なさい	~하시오, ~하세요	예 使いなさい

02 ~で ~로(수단, 방법, 도구)

예 木村(きむら)さんと 日本語(にほんご)で 話(はな)しました。

名前(なまえ)を カタカナで 書(か)きました。

家(いえ)から 会社(かいしゃ)まで バスで 40分(よんじゅっぷん)ぐらい かかります。

03 ~くて ~해서(이유, 원인) [참고 ~くて ~이고(나열, 열거)]

예 先生(せんせい)は 性格(せいかく)が 明(あか)るくて みんなが 好(す)きです。

昨日(きのう)は 天気(てんき)が 悪(わる)くて 遠足(えんそく)に 行(い)きませんでした。

今日(きょう)は 風(かぜ)が 強(つよ)く なくて いいですね。

04 ます형＋やすい / ます형＋にくい

～하기 쉽다 / ～하기 어렵다

예 ひらがなは 読(よ)みやすいですが、カタカナは 読みにくいです。

この 問題(もんだい)は 難(むずか)しくて わかりにくいです。

この 本(ほん)は 字(じ)が 小(ちい)さくて 見(み)にくいです。

05 ～も ～し、～も ～도 ～하고, ～도

예 キムさんは 頭(あたま)も いいし、性格(せいかく)も いいです。

木村先生(きむらせんせい)は ハンサムだし、背(せ)も 高(たか)いです。

この アパートは 部屋(へや)も 広(ひろ)いし、家賃(やちん)も 安(やす)いから いいです。

空気(くうき)も きれいだし 景色(けしき)も いいし、山(やま)は やっぱり いいですね。

＋ 낱말과 표현

使(つか)う 쓰다, 사용하다　日本語(にほんご)で 話(はな)す 일본어로 이야기하다
名前(なまえ) 이름　カタカナ 가타카나　会社(かいしゃ) 회사　バスで 버스로(수단)
～ぐらい ～정도　かかる (시간이) 걸리다　性格(せいかく) 성격　明(あか)るい 밝다
みんな 모두　好(す)きだ 좋아하다　昨日(きのう) 어제　天気(てんき) 날씨　悪(わる)い 나쁘다
遠足(えんそく) 소풍　風(かぜ)が 強(つよ)い 바람이 세다　問題(もんだい) 문제　頭(あたま) 머리
背(せ)も 高(たか)い 키도 크다　アパート 아파트　部屋(へや) 방　広(ひろ)い 넓다
家賃(やちん) 집세　空気(くうき) 공기　きれいだ 깨끗하다, 예쁘다　景色(けしき) 경치
やっぱり 역시

06 ～から ～이기 때문에(이유, 원인)

예 今日(きょう)は 休(やす)みだから、田中(たなか)さんは 家(いえ)に いるでしょう。
[명사 : Nだ + から]

暑(あつ)いから 窓(まど)を 開(あ)けて ください。[い형용사 : ～い +から]

ここは 交通(こうつう)が 便利(べんり)だから いいですね。[な형용사 : ～だ + から]

来年(らいねん) 日本(にほん)へ 行(い)くから 日本語(にほんご)を 習(なら)います。[동사 : V + から]

| 활용 |

使(つか)う 사용하다	読(よ)む 읽다	聞(き)く 듣다	飲(の)む 마시다	教(おし)える 가르치다
使い方(かた) 사용법	読み方	聞き方	飲み方	教え方
使いながら 사용하면서	読みながら	聞きながら	飲みながら	教えながら
使いすぎる 너무 많이 사용하다	読みすぎる	聞きすぎる	飲みすぎる	教えすぎる
使いやすい 사용하기 쉽다	読みやすい	聞きやすい	飲みやすい	教えやすい
使いにくい 사용하기 어렵다	読みにくい	聞きにくい	飲みにくい	教えにくい
使いなさい 사용하세요, 쓰세요	読みなさい	聞きなさい	飲みなさい	教えなさい

+ 낱말과 표현

～でしょう ～겠죠, ～이죠(추측)　窓(まど) 창문　開(あ)ける 열다　交通(こうつう) 교통
便利(べんり)だ 편리하다　来年(らいねん) 내년　習(なら)う 배우다

패턴 연습

PATTERN

1

보기

読(よ)む → この 漢字(かんじ)の 読(よ)み方(かた) が わかりません。

1. 使(つか)う → この カメラの ＿＿＿＿＿＿が わかりません。
2. 覚(おぼ)える → この 単語(たんご)の ＿＿＿＿＿＿を 教(おし)えて ください。
3. 作(つく)る → この 料理(りょうり)の ＿＿＿＿＿＿を 教えて ください。
4. 言(い)う → あの 人(ひと)は ＿＿＿＿＿＿が きついですね。

2

보기

わかる

→ 問題(もんだい) 1は わかりやすいですが、問題 2は わかりにくいです。

1. 食(た)べる

   → バナナは ＿＿＿＿＿ですが、パイナップルは ＿＿＿＿＿です。

2. 読(よ)む

   → この 本(ほん)は 字(じ)が 大(おお)きくて ＿＿＿＿＿ですが、あの 本は 字が 小(ちい)さくて ＿＿＿＿＿です。

3. 書(か)く

   → カタカナは ＿＿＿＿＿ですが、ひらがなは ＿＿＿＿＿です。

4. 歩(ある)く

   → 運動靴(うんどうぐつ)は ＿＿＿＿＿ですが、ハイヒールは ＿＿＿＿＿です。

+ 낱말과 표현

漢字(かんじ) 한자　カメラ 카메라　単語(たんご) 단어　教(おし)える 가르치다　料理(りょうり) 요리
きつい 심하다, 과격하다　問題(もんだい) 문제　バナナ 바나나　パイナップル 파인애플　字(じ) 글자
カタカナ 가타카나　歩(ある)く 걷다　運動靴(うんどうぐつ) 운동화　ハイヒール 하이힐

3 보기

帰る → 早く 家へ 帰りなさい。

1 起きる → 朝 早く＿＿＿＿＿＿＿＿。

2 食べる → ご飯を＿＿＿＿＿＿＿＿。

3 選ぶ → 正しい ものを ひとつ＿＿＿＿＿＿＿＿。

4 書く→ ひらがなで＿＿＿＿＿＿＿＿。

4 보기

ピアノを 弾く・歌を 歌う

→ ピアノを 弾きながら 歌を 歌います。

1

テレビを 見る・夕ごはんを 食べる

→ ＿＿＿＿＿＿＿＿＿＿＿＿＿＿＿＿。

2

ラジオを 聞く・運転する

→ ＿＿＿＿＿＿＿＿＿＿＿＿＿＿＿＿。

3

音楽を 聞く・勉強を する

→ ＿＿＿＿＿＿＿＿＿＿＿＿＿＿＿＿。

4

コーヒーを 飲む・友達と 話す

→ ＿＿＿＿＿＿＿＿＿＿＿＿＿＿＿＿。

5 보기

食べる・おなかが 痛い

→ 食べすぎました。それで、おなかが 痛いです。

1

カラオケで 歌を 歌う・のどが 痛い

→ ______________________________。

2

歩く・足が 痛い

→ ______________________________。

3

飲む・気分が 悪い

→ ______________________________。

✚ 낱말과 표현

早(はや)く 일찍　選(えら)ぶ 고르다, 선택하다　正(ただ)しい 올바르다, 맞다　ひとつ 한 개
ピアノを 弾(ひ)く 피아노를 치다　テレビ 텔레비전　夕(ゆう)ごはん 저녁밥
ラジオを 聞(き)く 라디오를 듣다　運転(うんてん) 운전　音楽(おんがく) 음악
勉強(べんきょう) 공부　コーヒー 커피　友達(ともだち) 친구　話(はな)す 이야기하다
お腹(なか)が 痛(いた)い 배가 아프다　カラオケ 노래방　のど 목, 목구멍　歩(ある)く 걷다
足(あし) 다리, 발　気分(きぶん)が 悪(わる)い 기분이 좋지 않다, 속이 좋지 않다

독해 · 작문

Track 38

READING & WRITING

읽어봅시다!

私(わたし)は兄(あに)と秋葉原(あきはばら)へ新(あたら)しいデジカメを買(か)いに行(い)きました。

秋葉原にはいろいろなデジカメがたくさんありました。

兄(あに)と私は建物(たてもの)の中(なか)を歩(ある)きながら、デジカメを探(さが)してみました。

結局(けっきょく)、私は白(しろ)いデジカメを買いました。

デザインもきれいだし、使(つか)い方(かた)も簡単(かんたん)です。

明日(あした)は兄(あに)の卒業式(そつぎょうしき)があるので、私のデジカメで撮(と)りたいです。

낱말과 표현

秋葉原(あきはばら) 아키하바라(지명)　デジカメ 디지털 카메라　いろいろな 여러 가지　たくさん 많이
建物(たてもの) 건물　探(さが)す 찾다　～てみる ~해 보다　結局(けっきょく) 결국　白(しろ)い 하얗다
使(つか)い方(かた) 사용법　簡単(かんたん)だ 간단하다　卒業式(そつぎょうしき) 졸업식　撮(と)る 찍다

일본어로 써봅시다!

1. 음악을 들으면서 공부를 합니다.

2. 이 한자의 읽는 법을 모르겠습니다.

3. 이 아파트는 방도 넓고 집세(家賃(やちん))도 싸네요.

4. 히라가나로 쓰세요.

정답
1. 音楽(おんがく)を聞(き)きながら勉強(べんきょう)をします。
2. この漢字(かんじ)の読(よ)み方(かた)がわかりません。
3. このアパートは部屋(へや)も広(ひろ)いし、家賃(やちん)も安(やす)いですね。
4. ひらがなで書(か)きなさい。

한자 연습

한자 즐기기

歌手(かしゅ) 가수 / 手話(しゅわ) 수화

歌(か) 가

手(しゅ) 수

話(わ) 화

選(せん) 선

術(じゅつ) 술

選手(せんしゅ) 선수 / 手術(しゅじゅつ) 수술

써봅시다!

漢字(かんじ) 한자	漢字			
問題(もんだい) 문제	問題			
建物(たてもの) 건물	建物			
頭(あたま) 머리	頭			
性格(せいかく) 성격	性格			
卒業式(そつぎょうしき) 졸업식	卒業式			

듣기 연습

Track 39~40

LISTENING

A. 다음 내용을 듣고 빈칸에 알맞은 말을 쓰세요.

今日は 学校の 友達が＿＿＿＿＿＿＿＿来る 日です。

それで、今朝 早く 起きて 掃除を しました。

私は いつも 音楽を＿＿＿＿＿＿＿掃除を します。

時々＿＿＿＿＿＿＿掃除を する 時も あります。

一緒に 食べる お菓子や 果物の 準備も しました。

友達と 夜遅くまで コーヒーを＿＿＿＿＿＿いろいろな 話を しました。

とても 楽しい 時間でした。

B. 내용을 듣고 그림과 일치하면 O, 일치하지 않으면 ×를 넣으세요.

❶ (　　　　　　)

❷ (　　　　　　)

❸ (　　　　　　)

❹ (　　　　　　)

회화 플러스

Track 41

OMAKE

01 食(た)べる 前(まえ)に 日本語(にほんご)で 何(なん)と いいますか。
먹기 전에 일본어로 뭐라고 합니까?

예 A : 食べる 前に 日本語で 何と いいますか。 먹기 전에 일본어로 뭐라고 합니까?

B : 「いただきます」と いいます。 "이타다키마스"라고 합니다.

| 아래 낱말을 써서 파란색 부분과 바꿔서 말해보세요. |

- 朝(あさ)の あいさつは 아침 인사는 → おはようございます
- 寝(ね)る 前(まえ)に 자기 전에 → おやすみなさい
- 家(いえ)を 出(で)る 時(とき)は 집을 나올 때는 → 行(い)って きます

02 何(なに)を して いますか。 무엇을 하고 있습니까?

예 A : 木村(きむら)さんは 何を して いますか。 기무라 씨는 무엇을 하고 있습니까?

B : 本(ほん)を 読(よ)んで います。 책을 읽고 있습니다.

| 그림을 보면서 말해보세요. |

GRAMMAR POINT

7과 ~ 8과
문법정리 포인트

01 ます형 활용 문법 총정리

	買(か)う	遊(あそ)ぶ	食(た)べる	～する
～ましょう ～합시다	買いましょう	遊びましょう	食べましょう	～しましょう
～ましょうか ～할까요	買いましょうか	遊びましょうか	食べましょうか	～しましょうか
～ませんか ～하지 않겠습니까	買いませんか	遊びませんか	食べませんか	～しませんか
～に 行く ～하러 가다	買いに 行く	遊びに 行く	食べに 行く	～しに 行く
～たい(です) ～하고 싶다	買いたい(です)	遊びたい(です)	食べたい(です)	～したい(です)
～方(かた) ～하는 법	買い方	遊び方	食べ方	～し方
～ながら ～하면서	買いながら	遊びながら	食べながら	～しながら
～すぎる 너무 ～하다	買いすぎる	遊びすぎる	食べすぎる	～しすぎる
～やすい ～하기 쉽다	買いやすい	遊びやすい	食べやすい	～しやすい
～にくい ～하기 어렵다	買いにくい	遊びにくい	食べにくい	～しにくい
～なさい ～하세요, ～해라	買いなさい	遊びなさい	食べなさい	～しなさい

GRAMMAR POINT

7과 ~ 8과 문법정리 포인트

02 조사 정리 ①

~は	~는(은)	예 明日(あした)は キムさんの 誕生日(たんじょうび)です。
~が	~이(가)	예 あの 人(ひと)が 田中(たなか)さんですか。
~も	1) ~도	예 私(わたし)も 日本(にほん)へ 行(い)きたいです。
	2) ~이나	예 昨日(きのう)は 10時間(じゅうじかん)も アルバイトを しました。
~を	~을(를)	예 昨日は 何(なに)を しましたか。
~から	~부터	예 夏休(なつやす)みは いつからですか。
~まで	~까지	예 映画(えいが)は 何時(なんじ)から 何時までですか。
~と	~와(과)	예 友達(ともだち)と 一緒(いっしょ)に 図書館(としょかん)へ 行(い)きました。
~の	~의	예 これは 私の 時計(とけい)です。
	~의 것	예 あの かばんは キムさんのです。

GRAMMAR POINT

7과 ~ 8과
문법정리 포인트

03 조사 정리 ②

조사	의미	예문
～に	1) ～에(있다 / 없다)	예 キムさんの 会社(かいしゃ)は どこに ありますか。
	2) ～에게	예 田中(たなか)さんに 手紙(てがみ)を 書(か)きます。
	3) 시간 · 요일 + 에	예 土曜日(どようび)に 映画(えいが)を 見(み)ましょう。
～で	1) ～에서(장소)	예 教室(きょうしつ)で 日本語(にほんご)を 勉強(べんきょう)します。
	2) ～로(수단 · 방법 · 도구)	예 英語(えいご)で 話(はな)します。
～へ	장소 + ～에 / 로 + (行く · 来る · 帰る)	예 日曜日(にちようび)に 日本(にほん)へ 行(い)きます。
～より	～보다(비교)	예 木村(きむら)さんは キムさんより 背(せ)が 高(たか)いです。
～とか	～라든가	예 日本の ドラマとか 歌(うた)が 好(す)きです。
～でも	～라도, ～든지	예 一緒(いっしょ)に 映画でも 見ませんか。
～や～や ～など	～랑 ～랑 ～등	예 机(つくえ)の 上(うえ)に 本(ほん)や ノートや 辞書(じしょ)などが あります。
★ ～に会(あ)う	～를 만나다	예 学校(がっこう)の 前(まえ)で 友達(ともだち)に 会(あ)いました。
★ ～に乗(の)る	～를 타다(교통수단)	예 本屋(ほんや)の 前で バスに 乗(の)ります。

KATAKANA NOTE

필수 가타카나 연습

テスト てすと 시험	テスト			
メニュー めにゅー 메뉴	メニュー			
コーヒー こーひー 커피	コーヒー			
ピアノ ぴあの 피아노	ピアノ			
ラジオ らじお 라디오	ラジオ			
デジカメ でじかめ 디지털 카메라	デジカメ			
アパート あぱーと 아파트	アパート			

4과 ~ 8과 회화 표현 총정리

1 何人家族ですか。

몇 식구입니까?

2 何人兄弟(きょうだい)ですか。

몇 형제입니까?

3 趣味(しゅみ)は 何(なん)ですか。

취미는 무엇입니까?

4 明日(あした)は 何(なに)を しますか。

내일은 무엇을 합니까?

5 昨日(きのう)は 何を しましたか。

어제는 무엇을 했습니까?

6 血液型(けつえきがた)は 何型(なにがた)ですか。

혈액형이 무슨 형입니까?

7 専攻(せんこう)は 何ですか。

전공은 무엇입니까?

8 何(なに)か 予定(よてい)が ありますか。

뭔가 예정이 있습니까?

9 食(た)べる 前(まえ)に 日本語(にほんご)で 何(なん)と いいますか。

먹기 전에 일본어로 뭐라고 합니까?

10 寝(ね)る 前(まえ)に 日本語(にほんご)で 何(なん)と いいますか。

자기 전에 일본어로 뭐라고 합니까?

11 朝(あさ)の あいさつは 日本語(にほんご)で 何(なん)と いいますか。

아침 인사는 일본어로 뭐라고 합니까?

부록

듣기 연습 스크립트와 정답
초보자가 자주 틀리는 일본어
1과 ~8과 어휘 총정리

1 과

20 쪽

A

私は 日本語の 勉強は はじめてですが、
日本人の 友達は (① 多い)です。
日本語は ちょっと (② むずかしい)ですが、
とても (③ おもしろい)です。
昨日は 学校の テストでした。
テストは (④ あまり) 難しく ありませんでした。

B

① 山田さんは 背が 高いですが、鈴木さんは 背が 低いです。

② 山田さんの カメラは 大きいですが、鈴木さんの カメラは 小さいです。

③ 山田さんは 髪が あまり 長く ありません。短いです。

④ 山田さんの 時計は 鈴木さんのより 安いです。

정답

① ○　② ×　③ ×　④ ×

2 과

33 쪽

A

木村：キムさんは どんな タイプが 好きですか。

キム：私は 背が 低くて かわいい タイプが 好きです。木村さんは どんな タイプが 好きですか。

木村：私は 背が 高くて 髪が 長い タイプが 好きです。

정답

1

B

① 山田さんは あまり まじめじゃ ありません。

② 山田さんは スポーツが 好きじゃ ありません。

③ 佐藤さんは 英語が 上手です。

정답

① ○　② ×　③ ○

3 과

45 쪽

A

① スーパーは どこ(に) ありますか。

② 学校(の) 前(に) 車(が) あります。

③ キムさんは 教室に (います)。

④ 椅子の (下)に 新聞が あります。

B

① 銀行の 前に 本屋が あります。

② 銀行の 隣に デパートが あります。

③ 木の 下に 犬が いっぴき います。

④ デパートの 後ろに 公園が あります。

정답

① × ② ○ ③ × ④ ×

4 과

62 쪽

A

キム：山田さんは 何人家族ですか。

山田：父と 母と 兄と 弟と 私の 5人 家族です。

정답

3

B

① 教室の 中に 机が ふたつ あります。

② 皿の 上に りんごが みっつ あります。

③ 公園の 前に 学生が ひとり います。

④ 部屋の 中に 猫が いっぴき います。

정답

1 × 2 ○ 3 × 4 ○

5 과

76 쪽

A

私は 今日 7時に 起きました。それから 運動を しました。10時ごろ 家を 出ました。学校の 近くで 友達と 昼ごはんを 食べました。それから、一緒に 映画館で 映画を 見ました。映画は あまり おもしろく ありませんでした。10時に 家へ 帰りました。部屋で 音楽を 聞きました。

11時半に 寝ました。

정답

❸-❷-❹-❶

B

① 昨日は 12時に 寝ました。

② 私は お酒を 飲みますが、好きでは ありません。

③ 明日は 休みなので、会社へ 行きません。

④ キムさんは 学校で 日本語を 教えます。

정답

❶ ○ ❷ × ❸ ○ ❹ ×

6 과

86 쪽

A

山田さんの 家は 駅の 近くに あります。

交通は 前より 便利に なりましたが、車や バスが 多くなりましたので とても うるさいです。

山田さんは 毎朝 6時に 起きます。山田さんは 運動が 大好きです。

정답

❶ × ❷ × ❸ × ❹ ○

B

① 月曜日の 9時から 会議が あります。

② 水曜日には 朝早く 会社へ 行きます。

③ 木曜日は 休みなので 友達と 一緒に 映画を 見ます。

④ 土曜日には 7時に 里美さんと デートを します。

정답

❶ ○ ❷ × ❸ ○ ❹ ×

7과

104쪽

A

木村：今度の 夏休みに どこへ 行きたいですか。

里美：私は 海へ 行きたいですが……。

木村：またですか。去年も 海へ 行きましたよね。山は どうですか。

里美：山は ちょっと……
中国とか フランスとかは どうでしょうか。

木村：休みが 短いので、海外旅行は 無理ですよ。

里美：じゃ、今度も また……

木村：しょうがないですね。そう しましょう。

정답

1

B

① A：明日は 何か 予定が ありますか。
B：友達に 会って コーヒーを 飲みます。

② A：土曜日に 何を しますか。
B：山田さんと 映画を 見る 予定です。

③ A：一緒に コーヒーでも 飲みませんか。
B：すみません。5時から 会議なので……

④ A：どこへ 行きますか。
B：靴と かばんを 買いに デパートへ 行きます。

정답

1 × 2 ○ 3 × 4 ○

8과

116쪽

A

今日は 学校の 友達が 遊びに 来る 日です。それで、今朝 早く 起きて 掃除を しました。私は いつも 音楽を 聞きながら 掃除を します。時々 歌いながら 掃除を する 時も あります。一緒に 食べる お菓子や 果物の 準備も しました。友達と 夜遅くまで コーヒーを 飲みながら いろいろな 話を しました。とても 楽しい 時間でした。

B

① あの、この 洗濯機の 使い方が わかりません。

② ギターを 弾きながら 歌を 歌います。

③ 高橋さんは 飲みすぎました。

④ ブラウンさんの 話は わかりやすいです。

정답

1 ○ 2 ○ 3 × 4 ×

초보자가 자주 틀리는 일본어

1과

1 ふるい (○)
　ふろい (×)

2 おもしろい (○)
　おもしるい (×)

3 あまり よく ないです。(○)
　あまり いく ないです。(×)

4 よかったです。(○)
　いかったです。(×)

5 おもしろかったです。(○)
　おもしろいでした。(×)

6 かわいく ないです。(○)
　かわく ないです。(×)

2과

1 日本語が 好きですか。(○)
　日本語を 好きですか。(×)

2 日本語が じょうずですね。(○)
　日本語を じょうずですね。(×)

3 きれいでは ありません。(○)
　きれく ありません。(×)

4 ゆうめいでは ありません。(○)
　ゆうめく ありません。(×)

3과

1 公園は どこに ありますか。(○)
　公園は どこへ ありますか。(×)

2 椅子の下に ねこが います。(○)
　椅子の下に ねこが あります。(×)

3 机の 上に 本が あります。(○)
　机上に 本が あります。(×)

4과

1 机(つくえ)は ひとつしか ありません。(○)
　机は ひとつだけ ありません。(×)

2 机の 下(した)に 猫(ねこ)が いっぴき います。(○)
　机の 下に 猫が いっぴき あります。(×)

3 キムさんの お父(とう)さんは 会社員(かいしゃいん)です。(○)
　キムさんの 父(ちち)は 会社員です。(×)

4 教室(きょうしつ)の 中(なか)に 学生(がくせい)が 一人(ひとり) います。(○)
　教室の 中で 学生が 一人 います。(×)

5 과

1 家へ帰ります。(○)

家へ帰ます。(×)

2 部屋で 音楽を 聞きます。(○)

部屋に 音楽を 聞きます。(×)

3 学校の 前で 木村さんを 待ちます。(○)

学校の 前に 木村さんを 待ちます。(×)

4 友達に 会いました。(○)

友達を 会いました。(×)

5 スーパーの 前で バスに 乗ります。(○)

スーパーの 前で バスを 乗ります。(×)

6 旅行を します。(○)

旅行を 行きます 。(×)

6 과

1 日本語の 先生に なりました。(○)

日本語の 先生が なりました。(×)

2 山田さんは きれいに なりました。(○)

山田さんは きれく なりました。(×)

7-8 과

1 音楽を 聞きながら 勉強を します。(○)

音楽を 聞くながら 勉強を します。(×)

2 この 漢字の 読み方が わかりません。(○)

この 漢字の 読み方を わかりません。(×)

3 私は 日本へ 行きたいです。(○)

私は 日本へ 行くたいです 。(×)

4 私は 医者に なりたいです。(○)

私は 医者が なりたいです。(×)

5 田中さんに 会いたいです。(○)

田中さんを 見たいです。(×)

1과 ~8과 어휘 총정리

1과

- □ 勉強(べんきょう) 공부
- □ 映画(えいが) 영화
- □ 天気(てんき) 날씨
- □ 最近(さいきん) 최근
- □ 部屋(へや) 방
- □ おいしい 맛있다
- □ まずい 맛없다
- □ 広(ひろ)い 넓다
- □ 狭(せま)い 좁다
- □ 難(むずか)しい 어렵다
- □ 易(やさ)しい 쉽다
- □ おもしろい 재미있다
- □ あまり 별로
- □ 中国語(ちゅうごくご) 중국어
- □ 優(やさ)しい 자상하다, 상냥하다
- □ りんご 사과
- □ みかん 귤
- □ 背(せ)が高(たか)い 키가 크다
- □ 背(せ)が 低(ひく)い 키가 작다
- □ 旅行(りょこう) 여행
- □ 春(はる) 봄
- □ 夏(なつ) 여름
- □ 秋(あき) 가을
- □ 冬(ふゆ) 겨울
- □ 暖(あたた)かい 따뜻하다
- □ 暑(あつ)い 덥다
- □ 涼(すず)しい 서늘하다, 시원하다
- □ 寒(さむ)い 춥다
- □ 新(あたら)しい 새롭다
- □ 古(ふる)い 오래되다
- □ 車(くるま) 차, 자동차
- □ 赤(あか)い 빨갛다
- □ 大(おお)きい 크다
- □ 小(ちい)さい 작다
- □ 楽(たの)しい 즐겁다
- □ 髪(かみ) 머리카락
- □ 長(なが)い 길다
- □ 短(みじか)い 짧다
- □ 一番(いちばん) 가장, 제일
- □ 仲(なか)が いい 사이가 좋다
- □ パーティー 파티
- □ 無視(むし) 무시
- □ 無理(むり) 무리
- □ 無料(むりょう) 무료
- □ 無知(むち) 무지
- □ はじめて 처음
- □ カメラ 카메라

2과

- □ サッカー 축구
- □ 好(す)きだ 좋아하다
- □ 上手(じょうず)だ 잘하다, 능숙하다
- □ 水泳(すいえい) 수영
- □ 方(ほう) 쪽, 편
- □ 写真(しゃしん) 사진

- 試合(しあい) 시합
- 交通(こうつう) 교통
- 便利(べんり)だ 편리하다
- 不便(ふべん)だ 불편하다
- 都市(とし) 도시
- 立派(りっぱ)だ 훌륭하다
- ビル 빌딩
- 親切(しんせつ)だ 친절하다
- 簡単(かんたん)だ 간단하다
- どんな 어떤, 어떠한
- タイプ 타입
- 丈夫(じょうぶ)だ 튼튼하다
- 楽(らく)だ 편안하다
- きれいだ 예쁘다, 깨끗하다
- にぎやかだ 번화하다
- 有名(ゆうめい)だ 유명하다
- 歌手(かしゅ) 가수
- 元気(げんき)だ 건강하다
- 親(した)しい 친하다
- 嫌(きら)いだ 싫어하다
- 読書(どくしょ) 독서
- 散歩(さんぽ) 산책
- 天気(てんき) 날씨
- 電気(でんき) 전기
- 元気(げんき) 건강함
- 本気(ほんき) 본심, 진심

3과

- 公園(こうえん) 공원
- 教室(きょうしつ) 교실
- 上(うえ) 위
- 中(なか) 안
- ひとクラス 한 반
- 何人(なんにん)ぐらい 몇 명 정도
- 受付(うけつけ) 접수처, 카운터
- 何階(なんがい) 몇 층
- 一階(いっかい) 1층
- 下(した) 아래
- 前(まえ) 앞
- 後(うし)ろ 뒤
- 間(あいだ) 사이
- 右(みぎ) 오른쪽
- 左(ひだり) 왼쪽
- 横(よこ) 옆
- 隣(となり) 옆, 이웃
- 側(そば) 옆, 근처
- トイレ 화장실
- 病院(びょういん) 병원
- 会議室(かいぎしつ) 회의실
- 本屋(ほんや) 서점, 책방
- 花屋(はなや) 꽃집, 꽃가게
- 猫(ねこ) 고양이
- 本棚(ほんだな) 책장
- ベッド 침대
- 無料(むりょう) 무료
- 料理(りょうり) 요리
- 食料(しょくりょう) 식료
- 料金(りょうきん) 요금
- 駅(えき) 역
- 家(いえ) 집
- 彼氏(かれし) 남자 친구
- 彼女(かのじょ) 여자 친구
- 恋人(こいびと) 애인

4과

- □ 家族(かぞく) 가족
- □ 兄弟(きょうだい) 형제
- □ 兄(あに) 형, 오빠
- □ 両親(りょうしん) 부모, 양친
- □ 多(おお)い 많다
- □ 自転車(じてんしゃ) 자전거
- □ ～台(だい) ～대
- □ ～ずつ ～씩
- □ 父(ちち) 아버지
- □ 母(はは) 어머니
- □ 主人(しゅじん) 남편
- □ 奥(おく)さん 부인
- □ 妻(つま) 처, 아내
- □ 息子(むすこ) 아들
- □ 娘(むすめ) 딸
- □ 姉(あね) 누나, 언니
- □ 弟(おとうと) 남동생
- □ 妹(いもうと) 여동생
- □ 会議室(かいぎしつ) 회의실
- □ 箱(はこ) 상자
- □ ～しか ありません ～ 밖에 없습니다
- □ いくつ 몇 개
- □ 男(おとこ)の 人(ひと) 남자
- □ お金(かね) 돈
- □ 家(いえ／うち) 집
- □ ～だけ ～만, ～뿐
- □ 休(やす)み 휴식, 휴일
- □ 交通(こうつう) 교통
- □ 家賃(やちん) 집세
- □ 大変(たいへん)だ 힘들다, 큰일이다
- □ 大事(だいじ)だ 중요하다, 소중하다
- □ 約束(やくそく) 약속
- □ 無理(むり)だ 무리다, 힘들다
- □ 机(つくえ) 책상
- □ かき 감
- □ 鉛筆(えんぴつ) 연필
- □ 食堂(しょくどう) 식당
- □ 紹介(しょうかい) 소개
- □ 医者(いしゃ) 의사
- □ 主婦(しゅふ) 주부
- □ 背(せ)が 高(たか)い 키가 크다
- □ ハンサムだ 잘생기다
- □ 優(やさ)しい 자상하다
- □ 銀行員(ぎんこういん) 은행원
- □ 頭(あたま) 머리
- □ 彼女(かのじょ) 그녀, 여자 친구
- □ 大学院生(だいがくいんせい) 대학원생
- □ スポーツ 스포츠
- □ 会長(かいちょう) 회장
- □ 社長(しゃちょう) 사장
- □ 部長(ぶちょう) 부장
- □ 校長(こうちょう) 교장
- □ 院長(いんちょう) 원장
- □ 趣味(しゅみ) 취미

5과

- □ 昨日(きのう) 어제
- □ 図書館(としょかん) 도서관
- □ 勉強(べんきょう) 공부
- □ 誕生日(たんじょうび) 생일
- □ パーティー 파티
- □ 友達(ともだち) 친구
- □ 映画(えいが) 영화
- □ 英語(えいご) 영어

- インタビューテスト 인터뷰 테스트
- 来週(らいしゅう) 다음 주
- 買(か)う 사다
- 会(あ)う 만나다
- 行(い)く 가다
- 書(か)く 쓰다
- 話(はな)す 이야기하다
- 待(ま)つ 기다리다
- 持(も)つ 들다
- 死(し)ぬ 죽다
- 遊(あそ)ぶ 놀다
- 飲(の)む 마시다
- 読(よ)む 읽다
- わかる 알다
- ある (무생물) 있다
- ～に 乗(の)る ～를 타다
- 帰(かえ)る 돌아오다(가다)
- 見(み)る 보다
- 食(た)べる 먹다
- 起(お)きる 일어나다
- 寝(ね)る 자다
- いる (생물) 있다
- 教(おし)える 가르치다
- 韓国(かんこく) 한국
- 毎朝(まいあさ) 매일 아침
- お酒(さけ) 술
- 朝(あさ)ごはん 아침밥
- 今日(きょう) 오늘
- 水曜日(すいようび) 수요일
- プレゼント 선물
- スーパー 슈퍼마켓
- 部屋(へや) 방
- 音楽(おんがく) 음악
- 新聞(しんぶん) 신문
- バス 버스
- パン 빵
- 作(つく)る 만들다
- メール 메일
- 買(か)い物(もの) 쇼핑
- レポート 리포트
- 中国(ちゅうごく) 중국
- ゲーム 게임
- いっぱい 한 잔, 가득
- 電話(でんわ) 전화
- 会話(かいわ) 회화

6과

- 最近(さいきん) 최근
- 本当(ほんとう)に 정말로
- デパート 백화점
- コート 코트
- セーター 스웨터
- 大学生(だいがくせい) 대학생
- ～ので ～이니까, ～이므로
- 靴(くつ) 구두
- 写真(しゃしん) 사진
- ずいぶん 꽤
- 夏(なつ) 여름
- 店(みせ) 가게
- サービス 서비스
- 町(まち) 마을
- にぎやかだ 번화하다
- 旅行(りょこう) 여행
- 午後(ごご) 오후
- 散歩(さんぽ) 산책
- 食事(しょくじ) 식사

- ノート 노트
- 教室(きょうしつ) 교실
- 誰(だれ) 누구
- 成績(せいせき) 성적
- 恋人(こいびと) 애인
- 花見(はなみ) 벚꽃 구경
- 犬(いぬ) 개
- 運動(うんどう) 운동
- レストラン 레스토랑
- この あいだ 요전번
- テレビ 텔레비전, TV
- 料理(りょうり) 요리
- 問題(もんだい) 문제
- 宿題(しゅくだい) 숙제
- 話題(わだい) 화제
- 試合(しあい) 시합
- デート 데이트
- 血液型(けつえきがた) 혈액형

7과

- 今度(こんど) 이번
- 何(なに)か 무언가
- 予定(よてい) 예정
- 海(うみ) 바다
- 一緒(いっしょ)に 같이, 함께
- 専攻(せんこう) 전공
- 公園(こうえん) 공원
- 場所(ばしょ) 장소
- 刺身(さしみ) 회
- 飛行機(ひこうき) 비행기
- 試験(しけん) 시험
- メニュー 메뉴
- 主人公(しゅじんこう) 주인공
- 最初(さいしょ) 최초, 처음
- 簡単(かんたん)だ 간단하다
- 早(はや)く 일찍, 빨리
- 男性(だんせい) 남성
- 女性(じょせい) 여성
- 性格(せいかく) 성격
- 性別(せいべつ) 성별

8과

- 次(つぎ) 다음
- 漢字(かんじ) 한자
- やくに 立(た)つ 도움이 되다
- 覚(おぼ)える 외우다, 기억하다
- 使(つか)う 사용하다, 쓰다
- 名前(なまえ) 이름
- カタカナ 가타카나
- 明(あか)るい 밝다
- 天気(てんき) 날씨
- 悪(わる)い 나쁘다
- 遠足(えんそく) 소풍
- 風(かぜ) 바람
- きつい 심하다, 과격하다
- 難(むずか)しい 어렵다
- 字(じ) 글자
- 小(ちい)さい 작다
- アパート 아파트
- 空気(くうき) 공기

- □ 景色(けしき) 경치
- □ やっぱり 역시
- □ 窓(まど) 창문
- □ 習(なら)う 배우다
- □ 単語(たんご) 단어
- □ 言(い)う 말하다
- □ バナナ 바나나
- □ パイナップル 파인애플
- □ 運動靴(うんどうぐつ) 운동화
- □ ハイヒール 하이힐
- □ ご飯(はん) 밥
- □ 選(えら)ぶ 선택하다, 고르다
- □ 正(ただ)しい 바르다
- □ 運転(うんてん) 운전
- □ お腹(なか)が 痛(いた)い 배가 아프다
- □ カラオケ 노래방
- □ のど 목, 목구멍
- □ 足(あし) 다리
- □ 気分(きぶん) 기분
- □ 新(あたら)しい 새롭다
- □ デジカメ 디지털카메라
- □ たくさん 많이
- □ 建物(たてもの) 건물
- □ 探(さが)す 찾다
- □ 白(しろ)い 하얗다
- □ デザイン 디자인
- □ 卒業式(そつぎょうしき) 졸업식
- □ 歌手(かしゅ) 가수
- □ 選手(せんしゅ) 선수
- □ 手話(しゅわ) 수화
- □ 手術(しゅじゅつ) 수술
- □ 掃除(そうじ) 청소
- □ お菓子(かし) 과자
- □ 果物(くだもの) 과일
- □ 準備(じゅんび) 준비
- □ 夜(よる)遅(おそ)く 밤 늦게
- □ いろいろ 여러 가지